REISE STORY

AMERIKA
VON
UNTEN

Unter dem Gütesiegel

REISE KNOW-HOW®

erscheinen Reisebücher verschiedener Verlage, die der Verlegergemeinschaft "INDIVIDUELLES REISEN" e.V. angehören. Bevor ein Buch unter diesem Markenzeichen erscheinen darf, wird es von einem Expertengremium geprüft.
Der **Reisebuchverlag Helmut Hermann** ist Mitglied der Verlegergemeinschaft "Individuelles Reisen e.V."

Jörg Lohmann

AMERIKA VON UNTEN

Mit dem Rucksack
durch den Kontinent
der Gegensätze

Reisebuchverlag Helmut Hermann

Amerika von unten
ISBN 3-9800975-5-2
Band 3 der Reise Know-How-Reihe "**Reise Story**"

erschienen im
Reisebuchverlag Helmut Hermann
Untere Mühle
7145 Markgröningen

"Amerika von unten" ISBN 3-9800975-5-2

Umschlagentwurf:
Manfred Schömann, Peter Rump u. Jörg Lohmann

Zeichnungen und Karten:
Jörg Lohmann, (S.112 unten Al Donado)

Layout:
Jörg Lohmann

Druck und Bindung:
Fuldaer Verlagsanstalt, Fulda

Dieses Buch ist erhältlich im Buch- und Fachhandel oder gegen Vorüberweisung von DM22,80 auf Postgirokonto 246459-707 Stuttgart, H.Hermann

Buchhändler-Bezugsadressen:
BRD: Prolit GmbH, 6300 Gießen
Schweiz: AVA-buch 2000, 8910 Affoltern
Österreich: W. Ennsthaler, 4402 Steyr

Über den Autor

Jörg Lohmann wurde 1965 in Damme/ Oldenburg geboren und wuchs in Hildesheim auf. Vierjährig zog er mit seinen Eltern für vier Jahre nach Lima/ Peru (seinVater war dort als Auslandslehrer tätig).
Nach seinem Abitur in Hildesheim leistete er den Zivildienst bei "EL PUENTE", einer 3.Welt-Handelsorganisation ab.
Nach längeren Europareisen zog es ihn nach Nordafrika und schließlich nach Amerika, um die Situation der Dritten Welt vor Ort mitzuerleben. Fünf Monate reiste er durch Süd-, Mittel- und Nordamerika, wobei ihm seine Sprachkenntnisse halfen, nie den Kontakt zur Bevölkerung zu verlieren.
Weitere Interessenschwerpunkte auf der Reise waren die Geschichte und Kultur der bereisten Länder.
Seit seiner Rückkehr studiert er Grafik Design in Hannover.

Reiseroute in Südamerika
BARRANQUILLA
CARACAS
Panama
Cartagena
Venezuela
ATLANTIK
Kolumbien
Rio Magdalena
BOGOTÁ
Popayán
San Agustín
Equador
QUITO
GUAYAQUIL
Saquisilí
Bucay
Rio Amazonas
Perú
Brasilien
Trujillo
Yungay
Huaraz
Chavín
Machu Picchu
Anden
LIMA
Cuzco
Pisco
Puno
Titicacasee
Bolivien
BRASILIA
Nazca
Arequipa
LA PAZ
Oruro
Potosí
Paraguay
Villazón
SAO PAULO
Humahuaca
ASUNCIÓN
Ciudad Pres. Stroessner
RIO DE JANEIRO
Jujuy
Foz do Iguazú
Iguazú Fälle
Curitiba
Resistencia
Posadas
Chile
PAZIFIK
Rio Paraná
Argentinien
Uruguay
SANTIAGO
MONTEVIDEO
BUENOS AIRES
ATLANTIK
Anden
Bus
Eisenbahn
Flugzeug
Maßstab: 1:47250000

Einleitung

Amerika - alle Gegensätze sind in diesem Doppelkontinent enthalten: bedrückende Armut in den Slums lateinamerikanischer Großstädte und unermeßlicher Reichtum in den Glitzermetropolen Nordamerikas; schneebedeckte Gebirgsmassive und feuchtheißer Dschungel; starre Militärdiktaturen und fortschrittliche Demokratien.

Seit die 'neue Welt' vor 500 Jahren ins Blickfeld Europas gelangte und glanzvolle Kulturen in Schutt und Asche versanken, richteten Europäer aus immer neuen Interessen ihr Augenmerk auf die Landmasse jenseits des Atlantiks.

Aus Goldgier, um das Christentum zu verbreiten, aus wirtschaftlichem oder wissenschaftlichem Interesse. Als Siedlungsraum und in immer stärkerem Maße als touristisches Reiseziel.

Für mich war neben der 'Faszination Amerika' ein weiteres Anliegen, auf meiner Reise Kindheitserinnerungen eines vierjährigen Peruaufenthaltes auf Traum und Wirklichkeit hin zu überprüfen und zu korrigieren.

Eine kleine Pocketkamera begleitete mich zwar, doch für die Reisedokumentation griff ich vorwiegend zur Zeichenfeder, zu Pinsel und Kohlestift. (Die abgebildeten Zeichnungen sind so größtenteils vor Ort verstanden und aus drucktechnischen Gründen nochmals überarbeitet worden. Auch fertigte ich nachträglich der Vollständigkeit halber einige Abbildungen aus der Erinnerung an, zum Beispiel die der 'Guerillasperre'.)

Eine Kameraausrüstung verleitet nicht nur dazu, auf Reisen den Blick auf Fotomotive zu beschränken, sie schiebt oft auch eine Sperre zwischen Tourist und Einheimischen. Zuweilen kann sich der Fotografierte gar 'bestohlen' fühlen und wenn man, besonders in Touristenzentren, wahre Knipsorgien beobachten kann, kommen einem die Indios vor, wie Freiwild, zur Fotojagd freigegeben. Durch das Zeichnen dagegen komme ich immer wieder mit der Bevölkerung, insbesondere mit Kindern und Jugendlichen, ins Gespräch. So kann man, mit entsprechenden Sprachkenntnissen natürlich, viel über das einfache Leben im betreffenden Land erfahren.

Dieses Buch habe ich geschrieben für Reisefans, die schmunzelnd ihre eigenen Erlebnisse wiedererkennen, und um denjenigen Mut zu machen, die noch immer von ihrer Amerikareise nur träumen...

Und jetzt geht's los!

Eingecheckt sitze ich neben zwei Texanern in der Wartehalle des Frankfurter Flughafens und beobachte die Anzeigetafel mit den Abflugzeiten der anstehenden Flüge: Tokio, Moskau, Bankok, München und endlich New York.

So international wie die Flüge, ist hier auch die Atmosphäre. Sämtliche Hautfarben, Rassen, Religionen sind vertreten und stacheln mein Reisefieber an. Durch das Sprachengewirr bahnt sich die blecherne Lautsprecherstimme einen Weg, ruft den Flug nach Tokio aus und 'mein' Flug rückt auf der Tafel

wieder eine Position nach oben.
"No smoking, fasten seat belts".

Die Anzeige leuchtet auf, ich schnalle mich an. Auf diesen Moment habe ich lange gewartet, nun gibt es kein Zurück mehr.

Nur noch die Flucht nach vorn, ins Ungewisse. Langsam rumpelt die amerikanische Maschine auf die Rollbahn, viel ist durch die verregnete Scheibe nicht zu sehen. Das Flugzeug schwenkt auf die Startposition ein und stoppt, wie ein Panther vor dem Sprung. Ein Vibrieren fährt durch den Metallkörper, wird zum Fauchen. Dann, mit einem Ruck geht's los und die Leuchtfeuer huschen immer schneller vorbei. Das Brüllen der Motoren wird immer heftiger, bis sich der große Vogel endlich entschließt, abzuheben. Eine sanfte Schleife und Schlucken gegen den Druck in den Ohren.

Ein bißchen mulmig ist mir schon zumute mit meinem One-Way-Ticket nach Rio. Eine ungefähre Fahrtroute habe ich mir zwar überlegt, aber was heißt das schon in Amerika... Sicher ist nur, daß ich in Rio ankomme und am 1.6., in gut fünf Monaten, wegen einer Prüfung wieder in Deutschland sein muß. Was dazwischen liegt - wir werden sehen. Dem schrecklichen Alptraum von gestern zufolge nichts Erbauliches. Und auch die Verwandten prophezeiten, wie vor jeder Reise, alle möglichen Krankheiten und Katastrophen. Beim Einholen der Visa und der Impfungen wurde mir langsam bewußt, worauf ich mich einlasse, fünf Monate ohne Verantwortung- aber auch ohne Sicherheit und Bequemlichkeit. Ich schloss noch Wetten ab mit meinen Freunden, die nicht glauben konnten, daß ich länger als zwei Monate in der Ferne aushalte, dann packte ich meine acht Kilo Gepäck und ging.

Inzwischen taucht unter mir auch schon New York auf und reißt mich aus den Gedanken. Sieben Stunden Aufenthalt im winterlichen J.F.Kennedy Airport, dann besteige ich die Maschine nach Rio.

Als in Brasilien die Tür geöffnet wird, schlagen mir feuchtheiße 32 Grad entgegen. Wider Erwarten ist mein Rucksack ebenfalls hier angekommen und auch Einreiseprobleme treten nicht auf.

Ich ziehe erst mal die Hälfte der Klamotten aus, dann tausche ich ein paar Dollar zum teuren Flughafenumtauschkurs und schließlich stürze ich mich in das Gedrängele an der Busstation. Ich stürze mich mit fieberhafter Erwartung ins fröhliche Chaos 'Rio', in eine Amerikareise, deren Verlauf von spontanen Entscheidungen und Zufällen geprägt werden soll.

Brasilien

Brasilien, das größte südamerikanische Land, ist mit 8,5 Millionen Quadratkilometern gut 34 mal so groß, wie die Bundesrepublik. Im Jahre 1500 von den Portugiesen in Besitz genommen, enttäuschte es die Goldträume der Europäer und man begann, den eigentlichen Reichtum des Landes auszubeuten. Das Brasilholz sowie Zuckerrohr fanden im fernen Europa einen schnell wachsenden Markt und der Gouverneur importierte als zusätzliche Arbeitskräfte schwarze Sklaven aus den portugiesischen Kolonien in Afrika. So wurde Brasilien ein Schmelztopf der Rassen. Indianer, Weiße, Schwarze und auch Asiaten vermischten sich kräftig. Heute sind gut 40% der 150 Millionen Einwohner 'mulattos', 'caboclos' oder 'cafusos', wie die verschiedenen Mischlinge genannt werden. Brasilien, ein Land der Gegensätze.

Sonne und Schatten in Rio

Es ist zwar noch früh am Tage, als ich im Stadtzentrum ankomme, aber heute, zwei Tage vor Silvester, wird es schwierig sein, ein günstiges Zimmer zu finden. Also mache ich mich auf die mühselige Suche. Ich gehe von Hotel zu Hotel, aber entweder sind alle Zimmer belegt oder die Preise sind für meine Reisekasse nicht akzeptabel. Selbst die Jugendherberge in der *casa do estudante* ist voll, meine Geduld nähert sich allmählich dem Ende.

Die Riemen meines Rucksacks schneiden sich schon in die

Schultern ein und an die brütende Hitze muß ich mich auch erst mal gewöhnen.

Ich setze mich erst mal unter den riesigen Deckenventilator einer Kneipe und trinke einen eisgekühlten Bananensaft.

Auf der Suche nach einem Hotel hatte ich den ganzen Morgen kein Interesse für die sehenswerten Gebäude im Zentrum und auch den Menschen widme ich erst jetzt einen aufmerksamen Blick.

An der Theke sitzt ein alter Mann mit Strohhut über sein Bier gebeugt und die vollbusige Bedienung singt tänzelnd die Sambaklänge aus dem altersschwachen Radio mit. Von der Straße dringt der Verkehrslärm herein, *cariocas*, wie die Bewohner Rios genannt werden, winden sich aus dem Gewimmel des Bürgersteigs durch die hupenden Autoschlangen auf die andere Straßenseite. Ein junger Schwarzer kommt mit seinem hölzernen Bauchladen in die Bar und verkauft ein paar Kaugummis und Zigaretten. Dann setzt sich ein etwa 30jähriger im schneeweißen Anzug zu mir.

"I am Ricardo." auffordernd streckt er mir seine Hand entgegen. Mein großer Rucksack hat ihn wohl angelockt, er möchte mich in ein Hotel lotsen. Aber alle Hotels, die er in den wärmsten Tönen empfiehlt, passen nicht so recht in meine Preisvorstellung.

Als er erfährt, daß ich heute den ersten Tag in Südamerika bin, begrüßt er mich überschwenglich ein zweites Mal - im Namen des gesamten brasilianischen Volkes. Er drückt mir seine Visitenkarte in die Hand, damit soll ich zu seiner Cousine Ina gehen, sie arbeitet in einem Reisebüro und kann mir sicherlich weiterhelfen.

"*Alemao?*" fragt Ina interessiert. Ja, ihre Schwägerin habe ein kleines Hotel, "da ist bestimmt noch was frei. Und wenn nicht, grüß schön von mir, das geht schon klar..."

Mit der Adresse in der Hand quetsche ich mich in den nächsten Bus und drängele nach hinten, wo das Fahrtgeld kassiert wird. An der Copacabana steige ich aus. Hier, am berühmtesten Strand Rios soll das Hotel sein.

"Das kann ich doch nie bezahlen...", denke ich.

Aber je weiter ich schnaufend die steilen Straßen hochgehe, desto schmuddeliger und billiger sieht es aus. Der einsetzende Regen spült mir auf der Straße Unrat entgegen. Hier klammern sich die baufälligen Bretterverschläge an den steilen Fels und laufen bei jedem Regenguß Gefahr, selber die Straße hinuntergespült zu werden.

Das 'Hotel' ist etwas solider gebaut und ich klopfe an die Tür. Sie öffnet sich einen Spalt, ein zahnloses schwarzes Gesicht taxiert mich und den Rucksack:

"Hier ist kein Platz!" Als ich jedoch die Grüße bestelle, werde ich herzlich hereingeführt und die gesamte Familie stellt sich mir vor.

Überfroh, endlich einen Schlafplatz gefunden zu haben, lege ich den Rucksack ab und gehe zum Strand. Der Regen hat aufgehört, unter der heißen Sonne ist schon wieder alles getrocknet und die Copacabana ist voller Menschen

Um Südamerika gebührend zu begrüßen, kaufe ich mir am Strand eine Kokosnuß. Ein Machetenhieb läßt die Milch spritzen, einen Strohhalm bekomme ich dazu. Und dann lege ich mich in den gebrochenen Schatten einer Palme und erhole mich, Reiseprospekte lesend, von der Hotelsuche.

"In Brasilien hat früher das Paradies gelegen und der liebe Gott, der natürlich Brasilianer ist, hat sich bei der Erschaffung von Rio besondere Mühe gegeben." So behauptet ein Hochglanzprospekt. Und ich mag ihm fast glauben, so beeindruckend ist die ganze Umgebung. Tropische Vegetation auf imposanten Felsen, die bis zur Wasserlinie reichen, Sonne im Überfluß und Strände, die zu Recht zu den schönsten der Welt zählen. Da ist nicht einfach auf der einen Seite Land und auf der anderen Meer... Nein, hier rollen die schaumgekrönten Wellen des Atlantiks in die Umarmungen der grünumrahmten Buchten, um sich auf dem weiten Strand auszubreiten.

Kein Wunder, daß das wahre Herz Rios hier am Strand schlägt. Links von mir stillt eine schwarze Mama ihr Baby, dahinter hat sich eine ganze Sippe zur lärmenden Familienfeier am Strand getroffen, ein Eisverkäufer kommt vorbei. In wirklich jeden Lebensbereich scheint die *praia*, der Strand, eingebunden zu sein. Zwei seriöse Herren kommen in Badehose und mit schwarzen Aktentaschen, breiten ein großes

Handtuch aus und wälzen Akten.

Ich frage mich, wie die beiden sich hier auf ihre trockenen Geschäftspapiere konzentrieren können. Alle paar Sekunden kommt eine hübsche *carioca* graziösen erotischen Schrittes vorbei; in empfindlich knapp geschnittenem Bikini...

Meine käseweiße Haut hat sich inzwischen zu einem beängstigendem Rot verfärbt und ich stürze mich in die warmen Atlantikfluten. Aber lange bleibe ich nicht im dreckigen Wasser, ich will meine Wertsachen nicht zu lange alleine lassen, hier soll es zahlreiche Stranddiebe geben...

Den Ruhm der Copacabana , so lese ich unter meiner Palme weiter, hat der Arzt des ersten brasilianischen Kaisers begründet. Er verschrieb seiner Exzellenz wegen eines Hautausschlags Meeresbäder, die dieser widerwillig nahm. Das half, sprach sich herum und wurde schnell zur Mode. Heutzutage allerdings riskiert man, sich den Ausschlag beim Baden zu holen, der Dreck dieser Stadt fließt ungereinigt in die Buchten.

Wo Sonne ist, ist eben auch Schatten. Aber selten liegen die Gegensätze so dicht nebeneinander, wie in Rio.

Wie groß das Gefälle zwischen arm und reich ist, erkenne ich auf dem Rückweg zu meinem Hotel. Ein eleganter Mercedes parkt am Straßenrand, der Fahrer geht in das Luxusrestaurant gegenüber. Nun macht sich ein in Lumpen gehüllter Junge ungefragt daran, den Wagen zu polieren, die Scheiben zu putzen. Wenn er Glück hat, wird er vom Besitzer bei dessen Rückkehr für die Arbeit entlohnt. Die Mutter des Jungen sitzt in der Gosse bei dem gesamten Hausrat: zwei Töpfe, ein paar Teller und Tassen, ein Sack Kleider.

Ihren Jüngsten, ein etwa Fünfjähriger, schickt sie zu mir, zum Betteln. Ich gebe ihm etwas und sofort läuft er strahlend zu seiner Mutter und liefert den kleinen Betrag ab.

Samba im Blut

Auf Ausflügen in die Umgebung lerne ich, die Stadt zu lieben. Die üppige Vegetation ist allgegenwärtig, der Ausblick von Rios Postkartenberg, dem Zuckerhut, beeindruckend. Und schließlich das Zentrum. Ein prickelndes Nebeneinander von kolonialbarocken Gebäuden und ultramodernen Bauten. Zwischen der kegelförmigen Kathedrale und dem Kubusbau der staatlichen Ölgesellschaft rattert sentimental ein Straßenbähnchen über einen ehemaligen Aquädukt. Ich steige ein

und schaue vergnügt zu, wie der Schaffner sich akrobatisch von Wagen zu Wagen schwingt.

Im großen und ganzen aber ist das Zentrum heute am 31.12. erstaunlich leer.

Ich bin extra hergekommen, und nun überrascht mich eine gespenstische Atmosphäre. Der Wind spielt mit Zeitungen, vor den Spiegelglasfassaden irgendwelcher Repräsentationsbauten liegen Betrunkene. Doch wo wird gefeiert?

Sambaklänge locken mich in eine Nebenstraße. Eine kleine Gruppe sichtlich alkoholisierter Musikanten rasseln, trommeln, singen ekstatisch gegen die Anonymität der Häuserschluchten an, einige Leute hören zu, gehen dann aber weiter. Auch ich suche enttäuscht nach dem Bus zurück zur Copacabana, "das kann doch wohl nicht Silvester in Rio sein..."
Je näher ich der Busstation aber komme, desto voller sind die Straßen. Die Busse an die Copacabana sind restlos überfüllt, in den fünften kann ich mich noch reindrängeln. Ganz Rio scheint heute am Strand zu feiern, ich hätte es mir denken können...

Im Stadtteil Copacabana sieht es auch schon ganz anders aus: auf der Strandpromenade flanieren die Brasilianer ganz in weiß. Der Strand selber ist ein einziges Gewimmel, flackernd

beleuchtet von einem Lichtermeer aus Kerzen und Fackeln. Aus riesigen Lautsprechertürmen ertönt Sambamusik und in der Bucht scheinen die Lichter unzähliger Boote dazu zu tänzeln.

Am Strand entdecke ich Orlando, den Medizinstudenten aus Sao Paulo, der hier im

selben Hotel wohnt wie ich. Ich schlängele mich durch das Gedränge und setze mich zu ihm in den Sand:
"Was machst du denn hier? Baust du dir eine Sandburg?"
"Außer Silvester ist heute das Fest der *Yemanjá,* der Meeresgöttin, und für sie stellen wir Brasilianer heute Kerzen auf Sandburgen.", erklärt Orlando auf Spanisch.

Mit dem Portugiesischen, das hier gesprochen wird, stehe ich noch auf Kriegsfuß. Lesen kann ich die Sprache zwar und mein Spanisch versteht hier auch jeder, aber wenn die Brasilianer erstmal loslegen, höre ich nur noch ein nasales, musikalisches Wortgewirr.

Orlando aber spricht gut Spanisch und wir verbringen diesen Abend gemeinsam. Je näher das neue Jahr rückt, desto ausgelassener und alkoholisierter feiern die Massen diese warme Sommernacht. Zunächst kommen wir uns vor, wie Statisten in einem Monumentalfilm, aber Orlando lernt in rascher Folge immer neue Touristinnen kennen und bald sind wir zu einer beachtlichen Gruppe angewachsen.

Während einer mitternächtlichen Schwimmpartie überrascht uns das neue Jahr und ein Feuerwerk füllt den wolkenlosen Himmel.

Eigentlich beginnt das Fest aber erst um 1 Uhr, als die Lautsprecher verstummen. Für Musik muß nun selber gesorgt werden und flugs werden Instrumente gezückt, der heiße Rhythmus feiert wieder Blutsbrüderschaft mit dem Pulsschlag dieses lebensfrohen Volkes. Wir gesellen uns zu einer der vielen spontanen Sambagruppen,funktionieren eine Salatschüssel und zwei Weinflaschen zu Rhythmusinstrumenten um und keiner stößt sich daran, daß wir immer wieder aus dem Takt kommen.

Orlando hat noch eine Verabredung in der Bar eines Nobelhotels. Sie liegt im 30. Stockwerk, und auch hier wird getanzt. Eine befrackte Sambaband spielt auf. Doch die Jet-Set-

Atmosphäre hier oben gefällt mir nicht und Orlando störe ich höchstens bei seinem Rendez-vous, also gehe ich wieder an den Strand. Hier herrscht eine ganz andere Stimmung. Dies ist die Welt der kleinen Leute, die an jeder Straßenecke den Alltag und ihre Sorgen wegtanzen und -singen. Ich bleibe noch ein Weilchen, dann gehe ich todmüde in mein Hotel.

Als ich am 1. Januar mittags verkatert an den Strand zurückkehre, tanzen dort neben Schlafenden noch immer einige Unermüdliche, die das neue Jahr, die Samba und das wunderbare Leben feiern.

Faszination Iguazú

Auf der guten Straße sind die 430 Kilometer nach Sao Paulo eine Kleinigkeit. Die *terra roxa*, die rote Erde Südbrasiliens begleitet mich durch die tiefgrüne Vegetation und ist in ihrer leuchtenden Farbe immer wieder eine Augenweide.

Kurz vor Sao Paulo, der größten Stadt Südamerikas, überrascht mich ein heftiger Regenschauer, der sich noch verstärkt, als wir endlos durch wild wuchernde Vorstädte fahren. Wir kommen an der riesigen *rodoviária*, dem Busbahnhof an und ich versuche, Orlando, der inzwi-

schen auch hier sein müßte, zu erreichen.

Ich komme mit dem Telefonsystem nicht klar und verspüre eigentlich auch gar keine Lust, in diesem Chaos von einer Stadt zu bleiben. So besorge ich mir schnellstens ein Ticket für einen Nachtbus nach Westen.

Der flüchtige Eindruck, den ich von Sao Paulo bekomme, ist kein rosiger. Alles grau in grau, die Gesichter der *Paulistanos* wie in Blei gegossen, ihre Blicke kommen mir vor wie ein pauschaler Vorwurf.

Ich muß daran denken, wie anders Rio doch war und gehe nochmals zum Fahrkartenschalter. Das Ticket für den Nachtbus tausche ich gegen die nächstmögliche Abfahrt, und der Brasilianer im Schalter tut mir fast leid, als er mir achselzuckend verzeiht:

"Sao Paulo kann man nur lieben oder hassen. *Até logo*, auf Wiedersehen und gute Reise."

Auch in Curítiba wechsele ich lediglich den Bus, so erreiche ich gegen Mittag des nächsten Tages Foz do Iguazú, welches im Dreiländereck neben Argentinien und Paraguay liegt. Am Ende meiner Kräfte von der schwülen Hitze finde ich, völlig vom Schweiß durchnäßt, zum Glück ein billiges Zimmer mit Ventilator, dem wichtigsten Bestandteil eines Hotelzimmers. Die einzigen, die sich in diesem mörderischen Klima wohl fühlen können, sind die Mosquitos, die ständig in Scharen über mich herfallen.

Mehr als entschädigt werde ich tags darauf beim Besuch der Iguazú - Wasserfälle. Mitten im Urwald stürzen hier 50000 Kubikmeter Wasser pro Sekunde (!) über eine 4 Kilometer breite Schwelle 80 Meter in die Tiefe. Aber was sagen schon Zahlen angesichts der grandiosen Gewalt der tosenden Wassermassen.

Ich stehe heute morgen besonders früh auf und mache mich mit umgerechnet etwa 5.-DM auf die Socken (So habe ich mich schon an die Pfennigbeträge gewöhnt). Als ich das Eintrittsgeld zahle, fällt mir auf, daß ich nicht mehr genug Geld für die Rückfahrt nach Foz habe, aber nach wenigen Schritten durch den Dschungel ist das Problem verdrängt. Es wird schon irgendwie gehen...

Nein, hier tut man gut daran, alles andere zu vergessen und sich dem Rausch der Naturgewalten hinzugeben. Die unzähligen kleinen und großen Wasserfälle, die von weitem wie senkrechte weiße Streifen auf dem dunkelgrünen Urwalduntergrund aussehen, erreicht man auf kleinen

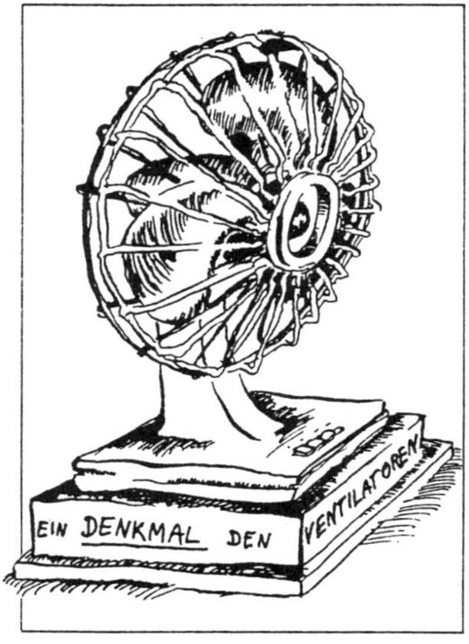

angelegten Pfaden. Sie führen durch die Wunder des Regenwaldes. Schmetterlinge in allen Farben und Formen, ein Vogelgezwitscher, welches gegen das Dröhnen von den nahen Fällen anzukämpfen scheint und - es gehört halt auch dazu - die bedrückende Hitze. Als ich fasziniert das Blätterdach über dem Weg betrachte, hätte ich beinahe den Leguan übersehen, der gemächlich über den Weg watschelt.

Hier kommt auch meine kleine Kamera zum Zuge. Auf der Suche nach immer neuen Blickwinkeln, immer verblüffenderen Naturkompositionen drücke ich viel zu oft auf den Auslöser. Ich fühle mich schon wie ein touristischer Jäger und kann das Fotografieren doch nicht lassen. Dabei ist es von vorneherein aussichtslos, diese Atmosphäre konservieren zu wollen. Als der Film endlich voll ist, finde ich endlich die Ruhe, mich zu setzen und, während ich zeichne, die Eindrükke zu vertiefen.

Beim Zeichnen kann man besser die Stimmung in sich aufnehmen. Man schaut sich alles viel intensiver an und mir bleiben gezeichnete Motive weit länger in Erinnerung als fotografierte.

Doch wie lange wird man dieses Naturschauspiel noch in Ruhe genießen können? Die Regenbögen, die aus der ewigen Gischt ersteigen, die 'Kathedrale' aus Urwaldgeräuschen, auf dem Fundament des brüllenden Wassers gebaut, oder einfach das harmonische Zusammenspiel der exotischen Formen und Farben? Der internationale Flugplatz, bereits in Planung, wird bald die schon jetzt erheblichen Touristenmengen vervielfachen.

Beim Trampen auf dem Rückweg habe ich Glück. Ein neugebackenes brasilianisches Ehepaar auf der Hochzeitsreise nimmt mich in ihrem VW-Käfer mit. Die beiden geben mir neben zahllosen Wünschen die Empfehlung mit auf den Weg, doch auch mal nach Paraguay rüberzuschauen.

Diesen Ratschlag werde ich gleich morgen beherzigen, verspreche ich ihnen.

Der erste Gang im Hotel führt wieder unter die Dusche. Bis zu dreimal täglich spüle ich mir hier den Schweiß und den Staub von der Haut.

Einkaufsparadies Paraguay

Paraguay, der kleine Staat in Zentral-Südamerika, ist immerhin größer als die beiden Teile Deutschlands zusammen. Dennoch leben hier nur etwa 4 Millionen Menschen. Im 17.Jahrhundert errichteten die Jesuiten hier einen vorbildlichen 'Modellstaat', sie lebten mit statt gegen die Indios. Nach 150 Jahren wurden sie allerdings wieder vertrieben, das Land rutschte in einen Strudel politischer Wirren und blutiger Kriege. Seit 1954 regiert General Alfredo Stroessner (welch auffallend deutscher Name) mit starker Hand das Land.

In Globetrotterkreisen kursierende Gerüchte, die besagten, man könne nur nach Paraguay einreisen, wenn man keine DDR-Stempel im Paß habe, ließen mich meine Reiseroute kurzerhand nach Nordargentinien verlegen. Doch versuchen möchte ich wenigstens, für einen Tag die Stadt "Ciudad Presidente Stroessner" zu besuchen.

Ich besteige den Bus so ziemlich als erster, doch südamerikanische Lokalbusse fahren erst los, wenn alles gerammelt voll ist. Meine Frage nach dem Inhalt der vielen Kartons im Bus wird mir mit einem scheelen Blick und einem vielsagenden Grinsen beantwortet. Ich setze mich also auf eine der Kisten mit Schmuggelware, als wir die Brücke über den Paraná (die originellerweise puente Stroessner heißt) überqueren. Dann kommen die Grenzgebäude. Hier muß ich raus; ich versuche, mich zur nächsten Tür durchzuquetschen. Der Grenzbeamte schaut herein:
"*estrangeros,* Ausländer?", damit bin ich gemeint.
Ich rufe, bin fast bei der Tür angelangt, da winkt uns der Uniformierte weiter, der Fahrer gibt Gas.

So einfach kommt man also rein, hoffentlich habe ich bei der Ausreise heute abend keine Probleme, so ganz ohne Einreisestempel...

Pfiffigerweise habe ich aus Europa einige billige Quarzuhren und Solartaschenrechner als Geschenke oder notfalls Bezahlung mitgenommen. So bin ich schon erstaunt, daß ich diese Sachen billiger hier erstanden hätte. An sämtlichen Straßen reihen sich die Verkaufsstände nahtlos aneinander. In diesem Einkaufsparadies der Brasilianer sind sämtliche Elektroartikel zu Billigpreisen zu haben. Aber auch die für Paraguay typischen, fein gearbeiteten Lederwaren finden reißenden Absatz.

Der Matetee ist das bittere Nationalgetränk der Region. In Paraguay wird er kalt mit Zitrone getrunken, in Argentinien ohne Zucker, in Brasilien 'süß wie der Himmel'.

Die Zöllner, der Busfahrer, die Alten auf der *plaza,* der Verkäufer während des Feilschens, alle schlürfen an ihrer *bombilla*, einem strohhalmartigen Röhrchen. Ich bestelle also in einer Bar einen *mate* und werde verwirrt angeschaut. Die Kellner beratschlagen aufgeregt, schließlich gestehen sie gestikulierend, damit können sie nicht dienen, ich sei der erste Tourist, der *mate* verlangt.

Auf dem Markt bekomme ich schließlich nicht nur meinen Tee, der Verkäufer leiht mir sogar seinen Becher. Eine zahnlose Alte reicht flugs unter dem Lachen der Zuschauer ihre *bombilla*. Ich kann nicht behaupten, daß das Zeug besonders gut schmeckt, aber wenn man sich daran gewöhnt, entwickelt es (oder man selber?) einen interessanten Geschmack.

Auch auf der Rückfahrt ist der Bus wieder übervoll. Radios, Rasierapparate, Fernseher - die Brasilianer haben eingekauft. Mir werden zwei Plastiktüten in die Hand gedrückt, die ich für jemanden über die Grenze bringen soll, der die Zollvorschriften überschritten hat. Dann müssen alle aussteigen. Mein Paß aber interessiert die Zöllner nicht im Geringsten, sie kontrollieren nur, daß keiner mehr als zwei Tüten mitnimmt. Glück gehabt!

Meinen letzten Tag in Brasilien verbringe ich beim Baden im Fluß. Auch der Rucksack will renoviert werden, ein Riemen ist gerissen. Dann heißt es Abschied nehmen.

Ich fahre an den rio Iguazú und steige zum Übersetzen in die Barke. Beim Überqueren des Grenzflusses drehe ich mich nochmal wehmütig um und ich verspreche diesem faszinierenden Land mit sympathischer Bevölkerung, irgendwann zurückzukehren - mit mehr Zeit. Denn die braucht man, um die verschiedenen Gebiete zu bereisen, um die Menschen wirklich kennenzulernen, um diesen Vielvölkerstaat zu erkunden.

Argentinien

Argentinien ist das 'weißeste' Land Südamerikas. Etwa 90% der Argentinier sind europäischer Abstammung. Erst in den letzten Jahrzehnten flaute der Einwandererstrom aus Europa ab, der das Bevölkerungszentrum aus den Anden an die Ostküste verlagert hat. Die Masseneinwanderung, ein Drittel waren Italiener, veränderte neben der argentinischen Kultur natürlich auch die Sprache. Man spricht dort ein, verglichen mit den Andenstaaten, weiches Spanisch.

Das riesige Land umfaßt praktisch sämtliche Klimazonen, vom Rande der Tropen bis zum subpolaren Feuerland im Süden. Meine Reiseroute streift allerdings nur den äußersten Norden Argentiniens. Nach den Sumpfgebieten im Nordosten werde ich den Gran Chaco, das riesige heiße Buschland, durchqueren, um in die Anden zu gelangen.

" 'eil 'itler!"

"Alemán ?", strahlt mich der Zöllner an, während er die rutschende Uniformhose hochzieht, *"bienvenido a Argentina!"*

Als der großzügig klimatisierte Bus über den rio Paraná nach Resistencia einfährt, habe ich zu meinem Sonnenbrand noch eine deftige Erkältung.

Wie überall in Lateinamerika, so ist auch hier jeder Bus sofort von Straßenhändlern umringt, die von Süßigkeiten und Zigaretten bis zu ganzen Menüs alles anbieten. Mit riesigen Taschen und Tabletts drängeln sie sich durch den Bus und preisen rhythmisch ihre Köstlichkeiten an. Fährt der Bus wieder an, springen sie ab und kassieren durch die Fenster noch rasch die ausstehenden Beträge für gekochten Mais, gekühlte

Getränke, Eis oder Kaugummis.

Meine Güte, ist das heiß hier. In einem nahen Straßencafé setze ich mich und bestelle erstmal eine kalte Cola. Von weitem sehe ich schon die drei Zigeunerinnen, gerade, als ich erfolgreich einen Lotterielosverkäufer abgewimmelt habe. Sie kommen zielstrebig auf mich zu, und ich füge mich meiner Schicksalsfee, heute in Gestalt einer beleibten Wahrsagerin. Meine linke Hand stellt sicher, daß mein Gepäck nicht Beine kriegt; aus der rechten liest die Alte meine goldene Zukunft, die beiden anderen schwirren um mich herum.

"Du wirst viel erleben in der nächsten Zeit. Ich sehe aber auch Anstrengungen..." Aber in meiner dreckigen Hand steht noch mehr:

"Du wirst deinen eigenen Weg gehen, fern von deiner Familie, und das ist gut. Du wirst viel lernen."

Der Himmel scheint Einspruch erheben zu wollen und schickt einen tropischen Platzregen auf das Straßencafé. In Windeseile kassiert die Zigeunerin das Entgelt für ihre gewagten Prophezeihungen und flüchtet vor dem sturzbachähnlichen Regenguß.

Der Kellner eilt herbei und fragt, ob ich meine eisgekühlte Cola nicht lieber drinnen an der Theke trinken möchte. Es ist empfindlich kalt geworden, freundlicherweise kann ich an der schmuddeligen Theke meine Bestellung noch korrigieren. Ein heißer Café tut jetzt gut. Ich erkundige mich gleich danach am Busbahnhof nach den Busverbindungen nach Jujuy, einer Kleinstadt, 800 Kilometer westlich.

Ich schaue im South American Handbook, der 'Travellerbibel' nach, 14 Stunden Busfahren stehen mir bevor. Der kleingedruckte Nebensatz allerdings läßt mich zweifeln: "...in der Regenzeit bis zu 150 Stunden."

VERKÄUFERINNEN
IN
Jujuy

Das Glück ist mir hold, zügig rollt der Bus auf der schnurgeraden Straße nach Westen, auf die Kordilliere der Anden zu. Das ewig gleiche Grün der Graslandschaft neben der Straße ist ermüdend. Ab und zu aufgelockert durch Baumgruppen, selten eine Farm. Der bleierne Himmel reicht, soweit das Auge blicken kann, ein schwerer Regen setzt ein. Ich hoffe, er wird uns nicht aufhalten, bisher waren die Straßenverhältnisse erträglich.

Alfonso, ein redefreudiger Automechaniker und Nachkomme italienischer Einwanderer, steigt zu, setzt sich neben mich. Als er hört, ich sei Deutscher, leuchtet sein Gesicht auf:
" 'eil 'itler! Beckenbauer!"
Wie schon so oft kann ich das nicht so einfach schlucken und sage, das mit 'Heil Hitler' sei schon lange vorbei.

Da beginnt er ein flammendes Plädoyer für diesen, in seinen Augen bewundernswerten Deutschen. Er kombiniert, wie viele Südamerikaner es tun, sein bruchstückhaftes Wissen mit Halbwahrheiten und schlichtweg falschen Informationen. Und wieder versuche ich, die jüngste europäische Geschichte im 10-Minuten-Schnellverfahren zu erklären. Ich fange beim zweiten Weltkrieg an, komme zu den Massenvernichtungen. Schließlich erzähle ich von der Teilung Deutschlands, eine Neuigkeit für ihn.

Es ist nicht das erste Mal, daß ich mich mit Südamerikanern unterhalte, die eine verblüffende, lückenlose Unwissenheit an den Tag legen. Und auch diesmal breche ich das Gespräch resigniert ab. Zu *Alemania* fällt ihnen eben 'Heil Hitler' ein und sie sind stolz, zu zeigen, daß sie etwas über Deutschland wissen.

Die Landschaft wird hügeliger, die ersten Andenausläufer zieren den Horizont. Die Straße wird kurviger, der Bus beginnt, die Berge zu erklettern. Als wir in Jujuy ankommen, verliere ich Alfonso aus den Augen. Er mich nicht. Er ruft mich von

der anderen Straßenseite und reckt zackig seinen rechten Arm in die Höhe:
″ ′eil ′itler!″
Ich schlage verzweifelt die Hände über dem Kopf zusammen, er schickt mir das unschuldigste argentinische Grinsen über die Straße.

Das Hotel Savoy liegt direkt gegenüber dem Bahnhof, wo schon seit gestern eine riesige Menschenmenge auf den Gleisen sitzt. Ein Streik?
″Nein,″ erklärt mir der Bahnhofsvorsteher, ″die Gleise nach Bolivien sind von den Regenfällen vorgestern unterspült, die Brücken weggeschwemmt worden. Aus welchem Land kommst du?″
Weil ich auf deutschen Geschichtsunterricht jetzt gar keine Lust habe, stelle ich mich als Georges aus Frankreich vor.
″Du solltest nicht auf den Zug warten, sondern mit dem Bus fahren, diese Leute hier haben kein Geld, aber sie haben Zeit. Der Zug ist das billigste und wenn es zwei Tage oder eine Woche dauert, bis die Schienen repariert sind, dann warten sie eben.″

Ich glaube, das könnte ich nicht, ich hätte nicht die Ruhe, tagelang tatenlos auf einen Zug zu warten. Ich gehe also zum Busterminal und kaufe ein Ticket zur bolivianischen Grenze. Kaum hat der Fahrkartenverkäufer das Geld eingestrichen, teilt er mir mit, die Abfahrt könne sich ein wenig verzögern, ein Erdrutsch habe die einzige Strecke nach Norden verschüttet. Stunden um Stunden verstreichen, ab und zu dröhnt es aus dem Lautsprecher, es gehe bald los. Die Motoren der wartenden Busse werden gestartet, eine Weile später wieder abgestellt.

Aus Stunden werden Tage. Ich vertreibe mir die Zeit, indem ich die Indios mit ihren markanten Gesichtszügen zeichne. Interessant sind die Reaktionen meiner unfreiwilligen Modelle. Nicht wie in Europa, wo die Leute nervös werden und sich abwenden, wenn sie gezeichnet werden. Hier blicken mir die Einheimischen mit festem Blick in die Augen und, sobald das Portrait fertig ist, setzen sie sich neben mich auf den Boden, um das Ergebnis zu bestaunen. Sofort ist das Eis gebrochen. Während ein anderer sich auch portraitieren läßt, beginnt eine lebhafte Unterhaltung. Und dann dauert es nicht mehr lange, bis jemand losläuft und Getränke für alle holt. Kunst führt auf meiner Reise unweigerlich zu Kommunikation und das kann mir jetzt nur recht sein - zwei Tage warte ich nun schon hier im Busbahnhof.

Gegen 1 Uhr nachts kommen Soldaten und kontrollieren die Papiere von uns Wartenden. Danach breiten wir Decken aus und rücken eng zusammen, die Nächte werden hier eisig kalt.

Erdrutsch und Philosophen

Am dritten Tag geht es plötzlich los. Die zehn Busse füllen sich im Handumdrehen und im Konvoy fahren wir gen Norden. doch als wir den Erdrutsch erreichen, sieht die Situation übel aus. Der andauernde Regen hat über Nacht wieder jede Menge Schlamm und Steine auf die notdürftig reparierte Straße geschwemmt. Also wieder zurück? Die Busse wenden umständlich, ich frage einen Bauarbeiter, wie lang denn der verschüttete Straßenabschnitt sei.

"Drei Kilometer."

Nun, das Stückchen kann ich auch zu Fuß gehen. Ein kurzer, aber herzlicher Abschied von den Busnachbarn, dann schultere ich den Rucksack, ignoriere die Warnungen und mache mich auf die Socken. Der erste Kilometer ist ein Kinderspiel, doch dann wird's schlammig. Oft rutsche ich aus und schliddere bergab, bis ein Felsbrocken mich hart bremst. "Tja, Jörg, das hast du davon, warum kannst du auch nicht warten...", denke ich. Als Schlammklumpen erreiche ich die Aufräumungstrupps auf der anderen Seite. Die Bauarbeiter starren mich verwundert an, einer fährt mich im Jeep das letzte Stück bis zum Ende des Erdrutsches.

Ich hätte es mir eigentlich denken können; wenn die Strecke gesperrt ist, fährt auch hinter dem Erdrutsch niemand nach Norden. Das nächste Dorf erreiche ich dennoch dank eines Lastwagenfahrers, der nach Jujuy will, aber an der Straßensperre umkehren muß. Er nimmt mich nach Humahuaca mit.

Die staubige Straße führt uns in ein kleines Andendorf, ich werde neugierig aus Kinderaugen beobachtet. Die Sonne senkt sich über die kargen Sierraberge, die in den verschiedensten Farben fast mosaikartig übereinanderstehen. Doch die Dämmerung bedeutet ein rasches Hereinbrechen der Nacht. Ich muß mich schleunigst um eine Schlafgelegenheit kümmern. Der Bergrutsch und die dadurch entstandene Verzögerung hat meine Finanzplanung völlig über den Haufen geworfen. Da ich in Jujuy für die restlichen Tage in Argentinien nicht mehr extra Dollars umwechseln wollte, habe ich jetzt den Salat: Mir bleiben in bar umgerechnet nur noch 3,20 DM.

Ein Hotel kommt also nicht in Frage. Im Kloster könnte ich wohl in einem leerstehenden Raum auf dem Boden schlafen, um 22 Uhr werden dort jedoch die Türen geschlossen. Ich erinnere mich an ein Gespräch mit einem Argentinier, der mir empfahl, Raúl zu besuchen. Der sei ein Freund von ihm und wenn ich nach Humahuaca kommen sollte, könne ich bestimmt bei ihm wohnen...

Hier in Südamerika erhält man oft solche mehr oder minder ernstgemeinten Angebote. Nun bin ich das erste Mal auf so eine fragwürdige 'Einladung' angewiesen, doch wo finde ich diesen Raúl? In der ersten Kneipe kann, oder will man mich nicht verstehen, also suche ich die nächste Spelunke. Inzwischen ist es Viertel vor Zehn. Hoffentlich finde ich Raúl bald, sonst muß ich ins Kloster zurück. Dieses Städtchen liegt nämlich bereits auf 2900 Höhenmetern, und die Nacht wird, auch nach so einem heißen Nachmittag, verdammt kühl werden.

Hinter den dreckigen Gardinen eines kleinen Hauses scheint es hoch her zu gehen. Ob das eine Kneipe ist? Zunächst klopfe ich zaghaft, dann hämmere ich mit der ganzen Faust an die Tür. Ein komischer Kauz öffnet. Sein langer Bart verrät, daß er kein Indio ist; sein in die Stirn gezogener Hut bändigt mit Mühe die langen Haare und wirft einen Schatten auf die tiefstehenden Augen. Zwei schweigsame Sekunden verstreichen, dann sage ich:

"Hallo, Raúl!"

"Hallo, Fremder, komm rein, feiere mit uns."

Ich werde an einen langen Tisch geführt, mir wird ein Glas und eine Flasche Wein aufmunternd zugeschoben, dann stellt mir Raúl die Anwesenden vor. Er selber ist tschechisch-französischer Abstammung und Prophet. Außerdem Maler, weißer Indianer, Dichter und Anarchist.

"Und Spinner...", denke ich im ersten Augenblick, doch wäh-

PHILOSOPH + KLOAKENREINIGER
RAÚL

rend des feuchtfröhlichen Abends wird mir dieser ungewöhnliche Mann immer sympathischer.

Natürlich könne ich in seiner *communidad anarquista* schlafen, er hat allerdings keinen Überblick, ob da heute Nacht noch Platz ist. Eine Matratze ist noch leer und ich falle wie ein Stein in tiefen Schlaf.

Am späten Vormittag werde ich durch fröhliches Lachen aus der Küche geweckt. Eine provisorische Dusche mit Plastikeimer und fürchterlich kaltem Wasser vertreibt den letzten Rest Müdigkeit. Im Tageslicht betrachtet, ist Raúl Haus das reinste Museum. Großflächig bemalte Lehmmauern verleihen dem verwinkelten, selbstgebauten Haus eine kreativ-joviale Atmosphäre. Und in jeder Nische steht eine Skulptur oder ein verzierter Gebrauchsgegenstand. In der Küche sitzen Juan und Isabel, eine Studentin aus Südargentinien. Raúl ist nicht da. Er ist bei seiner Arbeit. Er reinigt die Kloaken von Humahuaca.

Beim Mittagessen komme ich mit Juan ins Gespräch. Er hat Philosophie studiert und sich danach in eine einsame Hütte in den Bergen zurückgezogen. Auch er ist zu Besuch und als Raúl von der Arbeit kommt, verwickeln mich die beiden bald in eine interessante Diskussion.

"Du kommst aus Europa und fährst hier in Südamerika rum? Findest du das nicht ungerecht?"

Verwundert frage ich, was Raúl damit meint.

"Ihr Europäer arbeitet einen Monat und lebt dann von dem Geld drei Monate hier. Wir müssen immer arbeiten, nur um zu leben."

"Naja, du hast schon recht, aber...", versuche ich einzuwenden.

"Ein Indio kauft für sein Geldstück ein Brot. Dann kommst du und kaufst für dein Geldstück Brot, Wein und Fleisch.

Warum ist ein europäisches Geldstück soviel mehr wert?"

Ich stottere etwas von Inflation und Bruttosozialprodukt, obwohl mir sehr bewußt ist, daß er Recht hat.
"Ich reise herum, um die Welt mal aus einer anderen Perspektive zu sehen", rechtfertige ich mich, "um andere Lebenseinstellungen kennen zu lernen."
"Und warum", fragt er mich weiter,"kommst du dann nicht ohne dein blödes Geld, warum ißt, lebst und arbeitest du nicht mit den Menschen? Nur so kannst du deren Lebenseinstellung wirklich kennenlernen."
"Du hast Recht, aber ich habe nicht genug Zeit..."
So verlogen habe ich mich schon lange nicht mehr gefühlt. Es stimmt nicht, ich hätte jetzt Zeit, aber ich kann nicht so recht aus meiner europäischen Haut raus, ich muß weiter!

Der Rattenfänger von Humahuaca

Nach zwei Stunden gebe ich den Versuch auf zu trampen. Kein einziger Wagen ist aus dem Süden gekommen. Nur die gleißende Sonne hat meinen gerade verblassenden Sonnenbrand wieder aufgefrischt. Hier in Humahuaca wechselt mir niemand meine Schecks, ich muß schnellstens nach La Quiaca, der nächstgrößeren Stadt an der bolivianischen Grenze.

Kaum habe ich an der *plaza* die ersten Striche auf das Zeichenpapier gebracht, schaut mir ein kleiner Junge über die Schulter.
"Was machst du?"
"Ich zeichne die Plaza."
Er sieht eine Weile schweigend zu, dann läuft er weg und

holt Verstärkung. Nun werde ich von drei Seiten gefragt und spaßhaft geärgert.
"Ich möchte gerne zu Ende zeichnen, ihr steht im Weg, ich kann nichts sehen!" Als sich aber die Kinderschar um mich herum weiter vergrößert, gebe ich auf und packe meinen Zeichenkram zusammen. Wenn ich eine schöne Stelle außerhalb des Dorfes finden würde, vielleicht folgen sie mir nicht... Weit gefehlt! Ich komme mir vor, wie der Rattenfänger von Humahuaca, und immer mehr Kinder stoßen zu meinen 'Verfolgern'.

Es ist doch immer wieder das gleiche beim Malen. Ich werde die Vermutung nicht los, ich male mit Honig. Eh man sich's versieht, ist erst ein Kind da, dann plötzlich so viele, daß man das Bildmotiv nicht mehr sieht. Und mit den Kindern kommen die Fliegen... Jedenfalls gehören zu jeder Zeichnung, jeder Skizze ein Haufen Nerven.

Tags darauf, am Nachmittag, kündigt eine Staubwolke im Süden die Buskolonne an, die nun endlich den Bergrutsch überwunden hat. Ein herzlicher Abschied von Raúl und den anderen; eine ebenso herzliche Begrüßung, als die Busse ankommen und ich meine Freunde aus Jujuy wiederfinde. Natürlich können sie mir Geld leihen und ich dränge mich zu

ihnen in den Bus.

Der Stehplatz direkt neben dem Fahrer entpuppt sich als ein Logenplatz. Durch die Frontscheibe sehe ich die karge Berglandschaft, die hin und wieder von mächtigen Kakteen unterbrochen wird. Stetig geht es bergan, die anfänglich sachte Steigung entwickelt sich zu gefährlichen Kletterpartien in endlosen Haarnadelkurven. Oft hat man einen beeindruckenden Panoramablick auf die zahlreichen Serpentinen, die sich an die faltigen Berge schmiegen. Wir durchbrechen die Wolkendecke und erreichen Tres Cruzes, mit 3700 Metern der höchste Punkt der Strecke. Nun beginnt der *altiplano*, die Hochebene. 700 Meter höher als die Zugspitze steht man hier noch immer zu Füßen der Andenberge.

Im orangefarbenen Licht des Sonnenuntergangs sehe ich neben der Schotterpiste die ersten Lamas grasen und schließlich geht majestätisch der Vollmond über dem *altiplano* auf. Was für ein wundervolles Abschiedsgeschenk von Argentinien, das ich morgen verlassen werde.

Argentinien, als Land der Gauchos habe ich es nicht erlebt. Ich habe Juan und Raúl kennengelernt, bin mit Monica und Mariza gereist. Und sie hätten, statt aus Buenos Aires und Humahuaca, genausogut aus Mailand oder Madrid stammen können. Argentinien ist sehr europäisch. Während die Lateinamerikaner im allgemeinen neidvoll zu den USA hinaufschielen, orientiert sich Argentinien am Puls Europas. Kaum ein Argentinier, der nicht stolz einen europäischen Ahnen vorweist. Und all diese Nachkommen verschmelzen mit einer Prise südamerikanischem Temperament zu einem lebenslustigen, sympathischen Volk.

An der Grenze nach Bolivien werden Einheimische und Touristen getrennt abgefertigt. Die Indios sind wie Tiere in Sperr-

gittern zusammengepfercht. Ein buntes Gewimmel, zumeist Frauen, die schwerbepackt nach Bolivien wollen. Ein riesiges Bündel auf dem Rücken, in jeder Hand eine schwere Plastiktasche. Was die wohl transportieren?

Ein Zöllner kontrolliert im Sperrgitter die ersten 20 Menschen, dann dürfen sie passieren. Doch in dem Moment, als das Gatter geöffnet wird, starten überall schwerbepackte Indias und rennen los. Die drei Zöllner versuchen, mit ausgebreiteten Armen die Bolivianerinnen am Grenzübergang zu stoppen, doch sie können höchstens sechs festhalten.. Die Restlichen verschwinden, zickzack laufend, im Gedränge auf der bolivianischen Seite. Die Indias, die festgehalten wurden, werden nun ins Büro gezerrt, ich kann leider nicht sehen, was mit ihnen geschieht.

Die Touristenschlange kommt nicht vorwärts, ich beobachte weiter die Indias, die scheinbar irgendetwas schmuggeln. Wieder wird das Gatter geöffnet, wieder laufen 30-40 Frauen und Kinder los und versuchen, ihr Land, das arme Bolivien zu erreichen.

Dem unbeteiligten Beobachter erscheint es wie ein amüsantes Spielchen, aber die Indios lachen nicht dabei. Ernste, zerfurchte Gesichter. Eine alte Frau stolpert, und der Inhalt ihrer Taschen verteilt sich auf dem Boden. Der Anblick der Schmuggelware stimmt mich nachdenklich und traurig. Mehl und Reis, Zucker und Nudeln liegen im Dreck. All dies scheint es in Villazón, dem bolivianischen Grenzdorf nicht zu geben.

Ich erhalte den argentinischen Ausreisestempel, werde durchgelassen und wieder startet eine Anzahl Indias mit ihrer 'heißen Ware'...

Bolivien

Bolivien ist das ärmste Land Südamerikas. Doch dies war nicht immer so. Nur wenige Jahrzehnte, nachdem die Inkas im 16.Jahrhundert das Gebiet des heutigen Boliviens erobert hatten, nahmen die Spanier es in Besitz. Der *cerro rico*, ein Silberberg, wurde schon bald zu einem zentralen finanziellen Pfeiler des spanischen Königshauses. In den Silberbergwerken ließen Millionen von Indianern ihr Leben. Dennoch beträgt in Bolivien auch heute noch der Bevölkerungsanteil der Indios und Mestizen 95%. Simón Bolívars Siege gegen die Spanier und die Unabhängigkeitserklärung 1825 brachten für das einfache Volk keine wesentliche Verbesserung. Noch immer halten die 5% Weißen die wirtschaftlichen und politischen Zügel fest in der Hand.

Trotzdem ist Bolivien seit seiner Gründung das Land mit den meisten Machtwechseln. Manchen Regierungen war gar nur eine Amtszeit von wenigen Tagen beschieden. Bei all diesen Wirren kam es natürlich zu zahlreichen Kriegen mit den Nachbarn, die Bolivien alle verlor. An Chile verlor das Land 1883 die Atacamawüste und somit den Zugang zum Meer. Argentinien annektierte im Süden einen Teil des Chacos, Brasilien 1903 das reiche Acre-territorium im Norden. Der Chacokrieg gegen Paraguay in den 30-er Jahren dieses Jahrhunderts endete ebenfalls mit einer vernichtenden Niederlage und großen Gebietsverlusten.

Dennoch ist Bolivien noch immer doppelt so groß wie Spanien und kann für die Zukunft einige Hoffnungen auf reiche Bodenschatzvorkommen und das kaum genutzte, fruchtbare

Land im Osten setzen.

800 Kilometer Feldweg

Seit Jujuy hat sich die Anzahl der argentinischen Studenten, mit denen ich gemeinsam reise, auf 22 erhöht. Da können wir uns einen eigenen Bus nach Potosí chartern. Eine feste Busverbindung scheint es nicht zu geben. Nach etwa zwei Stunden Verhandlung sind wir über den Preis einig, es kann losgehen. Der erste Stop ist der Marktplatz, wo trotz unseres Protestes noch fünf Indios in unseren Bus steigen. Angeblich zwei Mechaniker, der Bruder und zwei gute Freunde des Busfahrers. An der Tankstelle am Ortsausgang soll ich mich vom Platz erheben. Er wird hochgeklappt und entpuppt sich als Tank. Ein guter Teil Benzin schwappt über und durchnäßt den Boden sowie die Rucksäcke im Gang. Dann startet der Fahrer den Motor und steckt sich eine Zigarette an. Ob das denn sein müsse, wo der ganze Boden voll Benzin ist, fragen wir. Das sieht der Fahrer ein und wirft seine Kippe aus dem Fenster. Drei Minuten später sehe ich, wie er heimlich trotzdem raucht...

Bis Potosí sind es 300 Kilometer Luftlinie. Das hat in den Anden aber nichts zu sagen, die Straßenverbindung ist 800 Kilometer lang. Manchmal fragt man sich vor lauter Serpentinen, ob es überhaupt vorwärts oder zurück geht. Dann fährt man ein Stück lang auf einer Straße, die mehr nach einem ausgetrockneten Flußbett aussieht. Und schließlich an wasserführenden Flußläufen haarsträubende Furten. Gerade jetzt in der Regenzeit kann man von Glück sagen, wenn man nicht stundenlang an einem Fluß warten muß, bis der Wasserstand sinkt.

Als dann auch ein heftiger Regen einsetzt (und das gesamte Gepäck auf dem Busdach durchnäßt), gibt der Busfahrer Gas. Er will einen Fluß erreichen, bevor dessen Wasserpegel steigt. Auf der glitschigen Schlammstrecke rast er wie ein Henker. Ich wünschte, ich würde wenigstens auf der anderen Seite sitzen, dann bräuchte ich den Abgrund nicht zu sehen. Auf den gefährlichen Andenstrekken hat man auf Verkehrsschilder verzichtet. Viel wirkungsvoller sind die Holzkreuze am Straßenrand, die sich vor allem an unübersichtlichen Kurven häufen. Ihre Anzahl zeigt an, wieviele Menschen hier bei Unfällen oder Abstürzen schon ums Leben gekommen sind.

Wir erreichen den Fluß noch rechtzeitig, ein Beifahrer springt ins Wasser und lotst den Bus langsam durch (wobei die Rucksäcke im unteren Gepäckraum unter Wasser gesetzt werden).

Viel Zeit kosten auch die häufigen Straßensperren. In jedem Ort mit kleiner Polizeistation versperrt eine Kette die Hauptstraße. Mindestens eine halbe Stunde dauert es dann immer, bis die Polizisten ihren Tee ausgetrunken und die Namen der Reisenden notiert haben. Diese halbe Stunde scheint die rentabelste Einnahmequelle der Dorfbewohner zu sein. Essen, Getränke, Handarbeiten und Süßigkeiten werden in Windeseile

zum Bus geschleppt und lautstark angepriesen. Mir passiert es etwa bei jedem zweitem Stop, daß sich sämtliche Kinder des Dorfes um mich versammeln, meine 1,91 Meter bestaunen und andächtig "King Kong!" sagen. Einmal beobachte ich einen Kleinen, der in sich selbst versunken mit einem Kreisel spielt. Nach einer Weile gehe ich auf ihn zu und frage, ob ich es auch einmal probieren dürfe. Ein erschreckter Blick, dann läuft er weg. Sehe ich so bedrohlich aus? Oder sind alle Menschen hier im Grunde so scheu gegenüber Fremden? Schließlich hat sich dort, wo Weiße auftauchten, für die Indios wohl noch nie etwas verbessert - seit 450 Jahren!

Gegen 2 Uhr nachts 'klettern' wir über den letzten Paß und sehen unter uns die Lichter von Potosí. Gleich am Stadtrand hält der Busfahrer, das Benzin ist alle! So ein 'Zufall'! Eine erneute Diskussion, er soll uns gefälligst noch die vier Kilometer ins Zentrum bringen, aber wir haben keine Chance. Auch unsere Drohung, wir würden ihm sonst den Bus demolieren, hilft nichts. So bleibt nur eins: Rucksack schultern und eine Nachtwanderung von 4300 Höhenmetern runter ins Zentrum. Todmüde falle ich ins Bett, als wir endlich so spät noch ein Hotel finden.

Im Berg der Tränen

Einigen Kolonialbauten in Potosí kann man noch den unglaublichen Reichtum der Stadt im 16. und 17.Jahrhundert ansehen. Zum Beispiel den *cajas reales*, den ehemaligen königlichen Schatzkammern oder der *casa real de la moneda*, früher die königliche Münzprägerei. Und natürlich reich verzierte Kirche... Antike Häuser von Minenarbeitern sind nicht erhalten. Aber die Vermutung ist wohl nicht aus der Luft gegriffen, daß die Behausungen der damaligen *mineros* nicht besonders dauerhaft und imposant waren. Nun, dabei ist es geblieben. Schmucklose Häuser reihen sich an öden Straßen nebeneinander die steilen Hänge hinauf. Den Reichtum verkörperten damals, wie heute nicht die Indios. Für sie ist der Silberberg der Berg der Tränen. Tränen, die nach dem Schweiß und Blut von Jahrhunderten riechen.

Mit Monica und Mariza erkunde ich die Stadt, die vor 400 Jahren einmal für kurze Zeit die größte Stadt der Welt war. Auf der *plaza* spricht uns ein Mann an, ob er uns einmal eine Mine von innen zeigen soll. Er heißt Pedro, und hat selber 11 Jahre im Berg gearbeitet . Von 10 bis 21 Jahren. Nun studiert er Jura und versucht, sich als Fremdenführer den Unterhalt zu verdienen. Er ist 23 Jahre alt, ich hätte ihn auf 45 geschätzt...

Die kleine private Mine liegt auf 4600 Metern, und ich japse schon nach wenigen Schritten nach Luft. Pedro verteilt Helme und Taschenlampen und warnt:

"Entfernt euch nicht von mir, wenn ihr euch in den kilometerlangen, weitverzweigten Stollen verlauft, findet ihr nie mehr raus."

Dann betreten wir gebückt den Gang und gewöhnen uns allmählich an die Dunkelheit. Der letzte ungebrochene Lichtstrahl verabschiedet sich an der ersten Kurve, dann tanzen nur noch die Lichter und Schatten der Lampen an den unregelmäßigen Felswänden. Mehrmals donnere ich mit dem

Helm gegen einen Vorsprung, rutsche in den knöcheltiefen Schlamm am Boden. Es wird wärmer und etwas stickig.
"Die *mineros* werden bezahlt nach der Menge und Qualität des Gesteins, das sie abbauen und auf ihrem Rücken kilometerweit ans Licht schleppen", schallt Pedros Stimme von vorne.
"Wenn sie nichts finden, werden sie also auch nicht bezahlt. So tragen sie manchmal wochenlang nutzloses Gestein ab und kriegen kein Geld."
"Wieviele arbeiten hier in dieser Mine?", fragt Monica.
"Acht *mineros*. Und wenn einer eine Silberader findet, arbeitet er Tag und Nacht, damit die anderen dort nichts abbauen. Solange, bis die Ader erschöpft ist, oder... Ja, oder bis der Stollen einstürzt! Letztes Jahr ist mein Bruder verschüttet worden."
Modergeruch steigt uns in die Nase, ich spüre in dieser absoluten Finsternis ein leichtes Panikgefühl, so etwas wie Platzangst steigt in mir auf.

"Wie kann man das nur ertragen?"
Die Antwort lautet: *"Coca!"*
Die Blätter des Cocastrauches werden, mit Kalk vermengt, gekaut und in eine Wange geschoben. Die Cocablätter, der pflanzliche Grundstoff für das Kokain, läßt die Indios den Hunger und die Müdigkeit nicht so spüren. Mir als Flachländer hat es bei der Ankunft in Potosí geholfen. Der etwas

bittere Geschmack im Mund wich bald einer angenehmen Taubheit und ich spürte die Höhe und meine Müdigkeit nicht mehr so arg. Der Gehirnaktivität allerdings ist *coca* nicht gerade zuträglich, man schaltet einfach die Gedanken ab und arbeitet. Und da haben wir auch schon den Hauptgrund, weshalb die Droge in Bolivien nicht verboten ist...
Wir kommen an eine Stelle, wo auf einer Art Opferstein ein Kanister, einige Kerzen und ein Kreuz stehen. Das Kreuz ist behängt mit Luftschlangen und einem der typischen bunten Cocabeutel. Ganz oben steckt eine kleine bolivianische Fahne. "Werden hier die Symbole der Unterdrückung angebetet?", frage ich Pedro. Immerhin hat sich die Kirche in Südamerika nicht zu knapp bereichert, wie man an ihren zahlreichen prunkvollen Gebäuden sieht. Und das Papierfähnchen steht wohl für die Nachkommen der spanischen *conquistadores*, die heute, wie vor 400 Jahren, allen Profit in ihren korrupten Klauen halten.

Pedro erklärt uns:
"Auf diesem Felsbrocken wird einmal im Jahr, zu Karneval, dem Minengott geopfert, um ihn gnädig zu stimmen. Das wenige Geld, das die *mineros* verdienen, wird von den meisten in *coca* und billigen Alkohol umgesetzt. Hier, der Literkanister, das ist der *alcohol minero*. Ihn säuft man, besonders an Karneval, bis zur Besinnungslosigkeit. Der Rausch ist schließlich die einzige Möglichkeit, der Realität für einige Stunden zu entfliehen."

Was für eine Erleichterung, als wir aus dem dunklen Stollen wieder ins Freie treten. Und das nach knapp zwei Stunden... Endlich aufrecht gehen, frische Luft atmen und das gleißende Licht des bedeckten Himmels. Die *mineros* bleiben manchmal über 36 Stunden unter Tage. Wenn sie danach jedesmal erstaunt und erleichtert wären, wenn sie sehen, daß die Sonne noch immer scheint, mich würde es nicht mehr wundern.

Geräusche aus der Finsternis kündigen einen *minero* an, der einen Sack Gestein aus der Mine schleppt. Als sein zerfurchtes Gesicht unvermittelt in die Helligkeit bricht, erschrecke ich. Die 8 Millionen Indios, die in diesem durchwühlten Berg ihr Leben ließen, die Lebenserwartung von nur 35 Jahren... all diese trockenen Fakten zählen plötzlich nicht mehr für mich, da ist nur noch diese geschundene Gestalt aus der Tiefe. Ich lese jede Falte in dem müden Indiogesicht. Lese all die Ängste und betäubten Schmerzen. Eine ohnmächtige Traurigkeit überkommt mich, und ich bin beinahe froh, als die Gestalt gebückt wieder in diesem Vorhof der Hölle verschwindet.

Während des Abstiegs ins Tal nach Potosí schwirren mir die Gefühle noch immer wirr durch den Kopf. Pedro reißt mich aus meinen trüben Gedanken:

"Wenn ihr Silberschmuck kaufen wollt, hier in Potosí ist es

am billigsten."
Eigentlich hatte ich vorgehabt, ein paar der wunderhübschen Silberringe zu kaufen, aber jetzt kann ich nicht mehr. Ich müßte immer an das traurige Lied denken, das Pedro im Berg sang.

Die Übersetzung lautet in etwa so:

Die Mineros der Anden
arbeiten für ihr Coca und Tabak.
Nur um den Hunger
und die Schmerzen zu vergessen.
In den tiefen Gruben!

Oh, Minero, was wirst du tun?
Nur arbeiten, dein ganzes Leben!

Die Mineros der Anden
zerstören sich die Lunge.
Haben ein kurzes Leben,
viel Zeit zu vergessen.
In den flachen Gräbern!

Oh, Minero, was hast du getan?
Nur gearbeitet, dein ganzes Leben.

Hexenkessel La Paz

Am Abend vor der Weiterreise treffen wir uns mit einigen Bolivianern zu einer ausgedehnten Kneipentour. Ich habe schon einige bolivianische Bierchen intus, da pöbelt mich kurz vor 1 Uhr ein Besoffener an, der mich für einen Nordamerikaner hält. Es kommt zu hitzigen Debatten und drohenden Blicken. Mit einer Lokalrunde sorge ich gerade noch rechtzeitig für Ruhe und bin für alle wieder ein *amigo*. Auch der Unruhestifter scheint wieder mein bester Kumpel zu sein. Er kann kaum noch gerade aus den Augen sehen und erklärt uns seinen Tagesablauf als Busfahrer:
"Wenn ich abends irgendwo ankomme, geh' ich in die nächstbeste Kneipe und saufe bis 3 Uhr. Dann leg' ich mich irgendwo hin und morgens um 6 Uhr bin ich wieder fit und fahre weiter. Klug, nicht? So spare ich das Hotel..."
Überzeugt hat mich seine Arbeitsweise nicht ganz!

Ich kriege einen gehörigen Schreck, als ich am nächsten Morgen um 7 Uhr an der Busstation grinsend begrüßt werde: *"Hola, norteamericano! "* Muß ausgerechnet er uns heute nach La Paz fahren?

Aber anscheinend hat seine Methode doch etwas für sich. Als es an der ersten Straßensperre irgendwelche Probleme mit der Polizei gibt, lallt er die Beamten solange voll, bis wir weiterfahren dürfen. Ein triumphaler Blick in die letzte Reihe, wo ich sitze, dann läßt er den Motor wieder in den höchsten Tönen aufjaulen und jagt über die Schotterpiste.

Ebenso fertig wie der Busfahrer ist aber auch sein Gefährt. Ich traue mich nicht, mich anzulehnen, da ich mir den klapprigen Karren vor der Abfahrt zu genau angeschaut habe. Die gesamte Rückwand ist nur noch mit dickem Klebeband am restlichen Bus befestigt. Auch wird es eine verdammt kalte Fahrt, da einige Fensterscheiben fehlen.

La Paz liegt auf 3636 Metern und ist die höchste Hauptstadt der Welt. Dabei liegt sie in einem Talkessel, dessen Rand noch knapp 4oo Meter höher liegt. La Paz ist auf meiner Reise die erste Millionenstadt seit Sao Paulo, und sie kommt mir vor wie ein brodelnder Hexenkessel, zuweilen durch eine Smogglokke hermetisch abgeschlossen. Daß diese Stadt ihren Namen -'La Paz' heißt 'Der Frieden'- nicht mehr verdient, wird mir schon klar, als der Bus die steilen Straßen des Kesselrandes hinunterkriecht. Was von oben wie ein Ameisenhaufen ausgesehen hat, ein undefinierbarer Brei aus Häusern, Autos, Straßen in einem dreckigen Graubraunton, entpuppt sich als der wildgewordene Puls Boliviens, dem die Provinzen hinterherhinken.

Mich wundert, daß in Südamerika noch niemand auf die Idee gekommen ist, der Autohupe ein angemessenes Denkmal zu setzen. Dieser wichtigste Bestandteil eines jeden Autos kommt im Verkehrsdschungel südamerikanischer Großstädte zu prächtigster, tausendfacher Entfaltung. Morgens schon schwellen die Autohupen in einem langsamen Crescendo zu einem Konzert an, dessen Grundrhythmus die Bushupen ausmachen. PKW-hupen in den verschiedensten Tonlagen und Lautstärken vermengen sich zu einem akkustischen Brei, der nur noch von den pompösen Akzenten der Lastwagen übertönt wird. Der stotternde Verkehr scheint lediglich den Prinzipien des Freistilhupens unterworfen zu sein. Das Recht des Stärkeren, gegebenenfalls des Geschickteren gilt.

Aber La Paz hat auch seine Reize. Es weist nicht, wie die meisten Städte, einen schachbrettartigen Grundriß auf, hier kann man sich noch so richtig in schmalen verwinkelten Gäßchen verlaufen. Und das ist auch genau das, was ich als erstes tue.

Ich möchte die Post von meinen Lieben in Deutschland abholen, habe zwar die genaue Adresse des American-Express-Büros, aber keinen Stadtplan. Noch weiß ich nicht, daß man besser niemanden nach einer bestimmten Adresse fragt. Die Einheimischen zu fragen ist nämlich der sicherste Weg, eine Stadt kreuz und quer zu durchwandern.

Der ersten Auskunft zufolge muß ich zur Plaza Murillo. Hier, im traditionellen Zentrum befindet sich aber nur die Kathedrale und der Regierungspalast. *Palacio quemado*, verbrannter Palast wird er wegen seiner wilden Geschichte und zwei Bränden genannt. (Schließlich hat Bolivien seit der Unabhängigkeitserklärung 1825 über 200 Regierungen gehabt!) Aber meine Post bekomme ich hier nicht. Der nächste, den ich frage, schickt mich in den Süden der Stadt, in die Nähe des *mercado Camacho*, des größten Marktes. Auch hier kein Amex-Büro. Der Verkehrspolizist müßte es eigentlich wissen... Er erklärt mir gestenreich einen komplizierten Weg. Ich frage noch einmal nach, die Wegbeschreibung hat sich geändert. Also bedanke ich mich, gehe in die entgegengesetzte Richtung - und finde die richtige Straße. So höflich sind die Indios Weißen gegenüber, daß sie sich nicht einmal trauen, es einzugestehen, wenn sie den Weg nicht wissen. Außerdem ist es doch viel schöner, einem Fremden die Freude zu machen und ihm eine Richtung zu weisen...

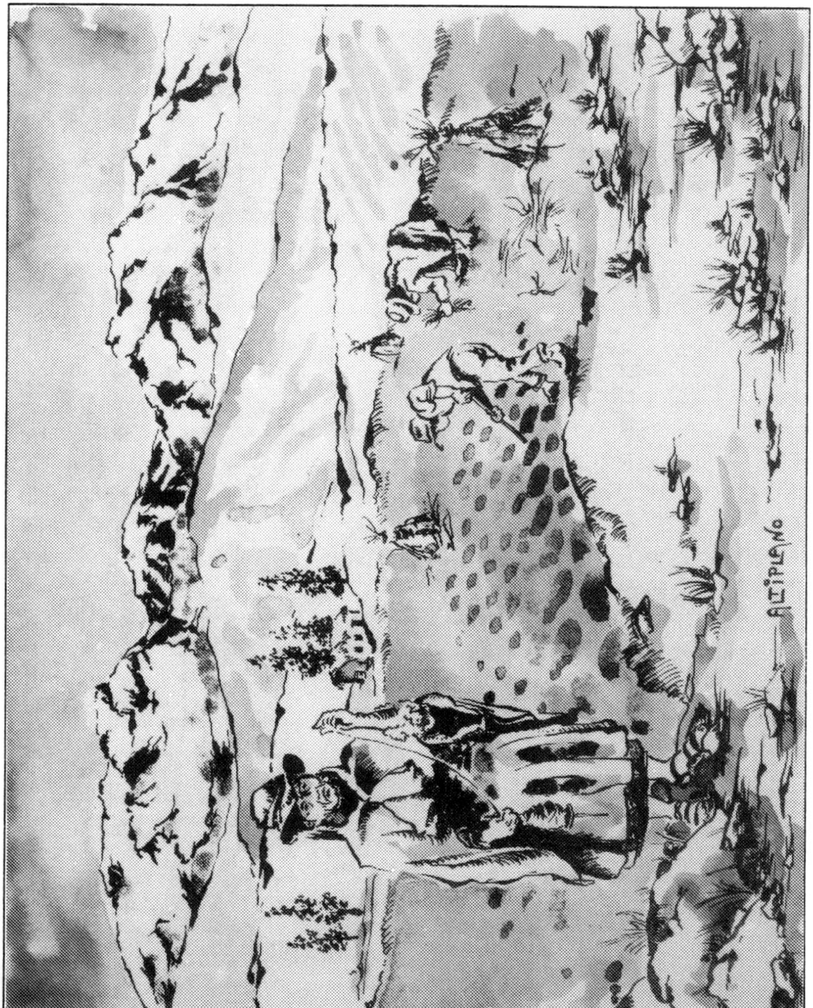
ALTIPLANO

Die Briefe enthalten keine besonderen Neuigkeiten, meine Freundin liebt mich noch immer, der Familie geht's gut, ein politischer Skandal jagt den anderen. Das Übliche halt - ich kann unbekümmert weiterreisen.

Vorher gönne ich mir aber eine Verschnaufpause und bleibe ein paar Tage in La Paz. Das tägliche, besser nächtliche Hotelsuchen in den letzten Tagen hat mir eine Menge Nerven geraubt. Von hier aus kann man auch schöne Tagesausflüge machen, dann muß ich nicht immer mein gesamtes Gepäck mit mir rumschleppen. Ich besuche die Ruinen von Tihuanaco, schaue mir den Friedhof von La Paz an und schlendere über die steilen Straßenmärkte an den Hängen des Kessels. Hier kann man wirklich alles kriegen. Tropische Früchte, die man nur vom Hörensagen kannte, Haushaltsartikel vom Stopfgarn bis zur Stehlampe. Bekleidung in allen Größen (außer meiner) und Lebensmittel von Mehl bis Meerschweinchen, die hier gegessen werden. Dazwischen lockt der Geruch von süßem Gebäck und undefinierbaren Speisen. Der Zeitungsverkäufer ruft die heutigen Schlagzeilen aus, und ein paar Kinder lassen johlend einen alten Autoreifen die Straße hinunterrollen.

Ein Frisör schert seine Kunden vor seinem Geschäft, streunende Hunde durchwühlen die Müllhaufen am Straßenrand. Zwischen den hölzernen Verkaufsständen ist auch ab und zu eine Decke ausgebreitet. Darauf sitzt dann meistens eine zahnlose Alte und preist obskure Kräuter mit angeblich magischer Heilwirkung an. Eidechsenskelette und getrocknete Lamaembryos werden für Taufen und Grundsteinlegungen feilgeboten. Ein verkrüppelter Bettler streckt mir seine dreckige Hand entgegen und eine Hochzeitskolonne geschmückter Autos bahnt sich hupend einen Weg durch das Gewimmel. Die immer neuen Angebote des Marktes haben mich von Straße zu Straße den Hang hinaufgelockt. Schwer atmend habe ich nun wieder einen grandiosen Überblick über diesen Ameisenhaufen. La Paz, dieses sympathische Dreckloch in der Hochebene, lebt. Ohne Wenn und Aber, von Tag zu Tag neu.

Auf dem Rückweg zum Hotel kann ich es nicht lassen, mir einen wunderbaren Poncho zu leisten. Nachdem ich einen guten Preis ausgehandelt habe, kommt das Hauptproblem. Ich komme mit dem bolivianischen Geld nicht klar, es gibt mal wieder zwei verschiedene Währungen. Einmal die alten *Pesos bolivianos*, die man in handlichen Bündeln von je 50 Tausender-Scheinen bekommt. (Da wird nicht mehr nachgezählt, höchstens mal gewogen.) Und die neuen Scheine, die *bolivianos*. Um Millionär in Bolivien zu werden, bedarf es kaum 10.-DM

In fast allen südamerikanischen Ländern ist es üblich, von Zeit zu Zeit drei Nullen auf den Geldscheinen zu streichen. Nun, Bolivien mit seiner unglaublichen Inflationsrate strich vor einiger Zeit gleich fünf! So ist mein Poncho 2,8Millionen wert.

Einen Hut, Strümpfe aus feinster Alpakawolle und Handschuhe kaufe ich noch, ehe mir bewußt wird, daß ich das alles noch etwa 15000 Kilometer mit mir rumschleppen muß. Auch meine Reisekasse erlaubt nicht jede Anschaffung, so leid es mir bei jedem Prachtstück tut, das ich liegenlassen muß.

Titicaca - Ursprung der Erde

Als ich den Titicacasee erreiche, habe ich mich innerlich bereits von Bolivien verabschiedet, obwohl ich noch einen Tag im bolivianischen Städtchen Copacabana bleiben werde. Bolivien, ein armes Land, ja, doch reichlich mit Bodenschätzen gesegnet. Neben Silber und Gold gibt es reiche Blei-, Zinn- und Kupfervorkommen. Und im Osten wartet nicht nur das bislang ungenutzte, fruchtbare Tiefland auf eine bessere Infrastruktur. Auch die großen Mengen an Erdöl im östlichen Regenwald könnten Bolivien auf dem mühsamen Weg aus der Misere helfen. Viel Glück! *Suerte, Bolivia.*

Der Blick auf den Titicacasee ist ein Blick zurück auf die ersten amerikanischen Kulturen.

Dieser See ist in südamerikanischen Sagen der Ursprung der Welt. Inti, der Sonnengott, entsandte seine zwei Kinder Manco Capac und Mama Ocllo zur Erde, um die Menschen zu verbessern. Der Sonnengott hatte dem Geschwisterpaar einen goldenen Stab mitgegeben, der ihnen anzeigen würde, wo sie sich niederlassen sollten. Manco Copac und Mama Ocllo erreichten also auf der Sonneninsel des Titicacasees die Erde und wanderten auf der Suche nach dem auserwählten Platz lange umher, bis sie in ein fruchtbares Tal kamen und die Stadt 'Cuzco' gründeten, was übersetzt 'Der Nabel' bedeutet. Die beiden wurden von den Einheimischen sehr verehrt, und Manco Capac wurde der erste Inkakaiser.

Gestützt auf diesen Mythos hatten die Erben Manco Capacs ein leichtes Spiel, ihre Expansionsgelüste zu befriedigen. Religion und Politik wurden eng miteinander verbunden, und eine hervorragende hierarchische Organisation hatte jede der vier Provinzen, jedes Dorf fest im Griff. Und doch war das Inkareich ein sozialer Staatsapparat, der Agrarüberschüsse für Krisenzeiten lagerte und verwaltete; der Ackerboden auf Zeit und je nach Größe der Familien und Beschaffenheit des Bodens verteilte. Ein System, in dem niemand Hunger litt.

Zum Zeitpunkt, als die Spanier kamen, umfaßte das Inkareich ein Gebiet, das keinen Vergleich scheuen muß. 4500 Kilometer in Nord-Süd-Richtung (das entspricht etwa der Entfernung von Gibraltar bis zum Nordkap) wurden durch ein großartiges Straßennetz miteinander verbunden. Einem Bruderzwist der zwei Incasöhne Atahualpa und Huáscar verdanken die Spanier, daß sie mit nur 150 Mann dieses Reich unterwerfen konnten. Wie eine Sonnenblume, der im Vorbeigehen der Kopf abgehackt wird, starb das Incareich in einem Netz aus feinsten europäischen Intrigen und Königsmorden.

Die Folgen der ersten 50 Jahre Fremdherrschaft waren erschreckend: die indianische Bevölkerung sank von 32 Millionen auf knapp fünf Prozent, 1500000 Menschen. Vorher unbekannte Krankheiten, von den Spaniern eingeschleppt, Aufstände, Kriege, Sklaverei in Gold- und Silberminen und der nie gekannte Hunger waren die Ursachen für dieses Massensterben.

Doch wieviel ist von der großen Vergangenheit erhalten geblieben! Die edlen Gesichtszüge der Indios, ihr ursprüngliches Naturverständnis! *Quetschua* und *Aymará*, die zwei Andensprachen und tief verwurzelte Traditionen. Kostbarer Schmuck, kunstvolle Gebrauchsgegenstände und schließlich die Architektur der glorreichen Vergangenheit; Tempel, Festungen, Straßen, Brücken...

Beherrscht allerdings werden sie noch immer von den Nachkommen der spanischen Eindringlinge. Und auch die Umbenennung der peruanischen Währung von *'sol'* in *'inti'*, vom spanischen zum Quetschuawort für 'Sonne', soll wohl eher symbolisch verstanden werden. Man meint, die rassische Zeitbombe in den Anden bereits ticken zu hören.

Peru

Gut fünfmal so groß wie die Bundesrepublik, liegt Peru am Pazifik und weist die für die Pazifikstaaten typische Dreigliederung auf. Die Küstenwüste (*costa*), in der aufgrund der kalten Meeresströmung weniger Regen fällt, als in der Zentralsahara. Anschließend die Bergregion (*sierra*) mit Bergen bis zu 6770 Metern. Hier lag das eigentliche Bevölkerungszentrum, welches sich durch die allgemeine Landflucht inzwischen aber in die Küstenstädte verschoben hat. Die dritte Region ist der Urwald (*selva*). Kaum besiedelt und erforscht, wird er von den Quellflüssen des Amazonas durchflossen.

Für mich allerdings ist Peru nicht das südamerikanische Land aus dem Erdkundeunterricht, ich komme ein bißchen nach Hause, als ich die Grenze überschreite und die rot-weiß-rote Flagge im Wind flattn sehe. Vier Jahre, vom vierten bis zum achten Lebensjahr, lebte ich in Lima, Perus Hauptstadt. Mein Vater unterrichtete an der deutschen Schule und ich ging in den Kindergarten und lernte Spanisch. Die Sprache ist mir geblieben, aber nach 13 Jahren in Deutschland sind meine Erinnerungen an Peru nur noch bruchstückhaft, wie Puzzleteile ohne Zusammenhang. Um das Puzzle meiner Kindheit wieder zusammenzusetzen, bin ich gekommen.

Pasaporte por favor!

Die bolivianisch-peruanische Grenze verläuft mitten durch den Titicacasee, ich setze mit einer Fähre über und besteige den hübsch bemalten Bus. Zwei Stunden nur braucht er bis Puno, der größten Stadt am See. Die Straße ist asphaltiert, welche Wohltat. Mir, der ich noch die bolivianischen Straßenverhältnisse in den Knochen spüre, scheint es fast, als schwebten wir am Ufer des Titicacasees entlang. Die andere Seite dieses riesigen Sees könnte man nur erahnen, wären da nicht die Schneekronen der mächtigen Sechstausender, die dem Ganzen einen imposanten Rahmen geben.

Berühmt ist Puno vor allem wegen seiner farbenfrohen Feste und dem bunten Markttreiben. Auch ich verbringe viele Stunden auf den Bahngleisen, an deren Seiten die Marktstände aufgebaut sind. Ach, ich könnte kaufen, kaufen, kaufen... Schließlich erweitere ich meine Ausrüstung um eine Jacke aus Alpakawolle sowie Schienbeinwärmer, die ich auch sofort gebrauchen kann. Es dunkelt bereits und ist bitter kalt geworden. Die Indios haben ihre Mützen tief ins Gesicht gezogen. Es zieht mich unwillkürlich zu einem der zahlreichen Stände am Straßenrand, wo mit der Kelle aus riesigen dampfenden Töpfen heiße Getränke ausgeschenkt werden.

Überhaupt ernähre ich mich auf dieser Reise vorwiegend auf der Straße. Frische saftige Kokosnüsse in Brasilien, Fleischspieße in Argentinien. *Choclo*, gekochter Mais mit Käse, in Bolivien, heute in Puno kann ich mich nicht so recht entscheiden. Die kroßbraun gebratenen Bananen mit Vanillesoße sind schon nicht schlecht... *Arroz con pollo,* Reis mit Hühnchen? Nun, das gibt es überall und immer. *Cuyes*, Meerschweinchen, die man auch hier in Peru ißt, finde ich nicht. Mein knurrender Magen drängt zur Eile, und schließlich sitze ich an einem schlecht beleuchteten Stand.

Undefinierbares wird mir auf den Teller geschaufelt, ich esse ein paar Happen. Dieses knorplig-fettige Zeug auf meinem Teller - am liebsten würde ich den Verzehr verweigern, aber allen anderen Gästen scheint es vorzüglich zu schmecken. Ich bringe es nicht fertig, den fast vollen Teller einfach stehen zu lassen, zuviele Menschen leiden hier Hunger, für sie wäre vermutlicherweise selbst dieses Zeug ein Leckerbissen. Ich kann den Pappteller aber doch auch nicht einfach einem der Bettler in die Hand drücken, wie sähe das denn aus: "Der vollgefressene Europäer (ich) wirft seinen Abfall der Bevölkerung vor..."

Das kann ich nicht machen, außerdem müßte ich auch erstmal einen Bettler finden, dessen Hunger größer ist als sein Stolz. Während all dieser Gedankenakrobatik quäle ich Bissen für Bissen, Knorpel für Knorpel runter und sehe keinen akzeptablen Ausweg. Ich frage also, was ich denn da überhaupt esse und die Antwort:

"Gebratene Hünerfüße!" läßt mich alle Anstandsregeln vergessen. Was ich im Mund habe, spucke ich intuitiv auf den Teller, den Magen überflute ich mit Orangensaft, doch für jeden Rettungsversuch ist es zu spät. Den Rest des Abends verbringe ich auf der Hoteltoilette und pflege meine Magenschmerzen, bis ein Stromausfall ganz Puno in Dunkelheit taucht. Eine Aktion des *'sendero luminoso.'*der peruanischen Guerillabewegung, erfahre ich am nächsten Tag.

Gegen Abend ist mein Magen so weit wieder funktionsfähig, doch heute werde ich kein Risiko eingehen und mit Monica und Mariza im kleinen Restaurant um die Ecke essen.

Auffällig viel Militär ist nach dem Anschlag der maoistischen Revolutionäre auf den Straßen. Ein Soldat kommt mit vorgehaltener Pistole direkt auf uns zu:

"Pasaporte, por favor!"

Oh, verflucht, meinen Paß habe ich natürlich für die paar Meter zum Restaurant nicht mitgenommen. Tja, dann müßte ich wohl mitkommen, ins Gefängnis, schließlich sei das verboten, ohne Paß rumzulaufen! Er richtet die Pistole sehr direkt und eindeutig auf mich. Ich versuche, zu erklären, daß ich den Paß sofort holen könne.

"Nein, jetzt komm erst mal mit zur Polizei!"

Mir wird angst und bange. Wer weiß, wie schnell und für wie lange man hier im Gefängnis verschwindet. Diese Erfahrung möchte ich mir lieber für ein anderes Mal aufsparen... Murrend gestattet er, daß Monica zurück zum Hotel läuft und meinen Paß holt.

"Oh, hoffentlich hat er gute Laune und läßt mich laufen!",

denke ich mir, als er mein Dokument verständnislos in den Händen dreht und schließlich falsch herum ausgiebig studiert. Und das alles, ohne auch nur für einen Augenblick den Revolverlauf zu senken. Abwechselnd präsentiere ich ihm mein freundlichstes Lächeln und schiele auf die Mündung seiner Waffe.

"Ob der Soldat wohl seine Brille vergessen hat, oder kann er überhaupt nicht lesen? Das ist mir eigentlich alles soo egal, nur erschießen soll er mich nicht aus Versehen!"

Alle möglichen Gedanken jagen durch meinen Kopf:

"Wer hat diesem Kerl bloß eine Feuerwaffe in die Hand gegeben, der kann ja noch nicht einmal lesen..."
Aber die geistige Elite eines Landes darf man halt nirgends in der Armee suchen...

Ich weiß nicht, weshalb, aber der Soldat händigt mir plötzlich meinen Paß aus und läßt uns gehen. Ein Riesenstein fällt mir vom Herzen. Wenn schon nicht Gefängnis, ein saftiges Schmiergeld wäre auf der Polizeiwache mindestens fällig gewesen... Nun gut, ab jetzt also keinen Schritt mehr ohne Papiere.

Ein touristisches Muß in dieser Gegend sind die schwimmenden Schilfinseln der Urus auf dem Titicacasee. Scharen von Reisenden werden täglich dort hingeschippert, benehmen sich schlimmer, als im Zoo, sie besichtigen dieses kleine Völkchen wie eine Kuriosität am Rande. Und es ist wirklich toll, zu sehen, daß Menschen sich derart in die Natur eingliedern können und sich nicht aggressiv 'die Erde untertan' machen. Die gesamte Insel besteht aus Schilf, die Boote, die Häuser, alles wird aus Schilf hergestellt. Auf alten Booten werden einfach Kartoffeln angepflanzt. Und ihre Notdurft verrichtendie Urus auch wieder auf ausrangierten Booten. So schließt sich

der perfekte Kreislauf. Aber man sieht schon Motorboote; Souveniers herstellen zahlt sich bereits mehr aus als Kartoffeln anzupflanzen.

Mich bringt das Schiff an den Urus vorbei zur Insel Taquile, einer Felseninsel, etwa sechs Bootsstunden von Puno entfernt. Nach einem anstrengenden Aufstieg werden wir Besucher auf dem Bergkamm von einigen Einwohnern begrüßt und bestimmten Familien zugeteilt. Jede Familie auf der Insel hat neben dem Haus eine kleine Hütte für Touristen; und die *communidad*, die Gemeinschaft, verteilt die Besucher, wie alles andere, gerecht auf die Einwohner der Insel. Es gibt auch nur ein Kunsthandwerkgeschäft, im Unterschied zu anderen Dörfern, wo sich die einzelnen Kunsthandwerker Konkurrenz bieten. Warum ist diese Lösung nur auf einer Insel möglich?

Auf Taquile gibt es weder Autos noch Strom. Die Einwohner tragen noch die feingestrickten Trachten, die hier von den Männern hergestellt werden, die ständig, ob sie gehen, stehen oder sitzen, an Mützen, Westen Volleyball ist der ganz große Sport hier in Peru. Auch für die kleinen Taquileindios, gegen die wir langen Ausländer auf dem Marktplatz unter dem Gejohle der Frauen und Kinder 3:0 verlieren.

Eigentlich hatten wir ja um je eine Coca Cola gespielt, die die beiden Mannschaften dann gemeinsam in der Dorfkneipe trinken wollten. Aber kaum haben wir Verlierer der Siegermannschaft das Geld dazu gegeben, sind diese Schlitzohren auch schon über alle Berge damit. Naja, bei Geld hört eben jede Freundschaft auf...

Wir Touristen jedenfalls setzen uns noch bis spät in die Nacht zusammen und trinken Cocatee. Der Rückweg zu meiner Hütte allerdings wird zur Nachtwanderung im Gassengewirr. Ich habe natürlich keine Taschenlampe dabei und stolpere eine gute Stunde auf der Suche nach meiner Hütte über die holprigen Wege. Endlich finde ich den kleinen Hof und 'genieße' eine kalte und unbequeme Nacht auf der pieksenden Strohmatratze.

Auch die Rückfahrt am nächsten Tag ist alles andere als langweilig. Das Boot ist älteren Datums und schon nach kurzer Zeit bemerken wir, daß Wasser eindringt. Nun heißt es: Wasser eimern. Schließlich setzt auch noch der Motor aus, kann aber glücklicherweise provisorisch repariert und in Betrieb gesetzt werden. Wir kommen langsam, aber sicher auch wieder an den Schilfinseln der Urus vorbei. Dann kann es ja nicht mehr weit sein bis Puno... Eimer für Eimer schöpfen wir mit kältesteifen Händen aus dem Boot und ungnädig langsam nähern wir uns dem Hafen.

Als wir nach neun klammen Stunden endlich ankommen, bleibt gerade noch Zeit, zum Hotel zu laufen und das Gepäck zu holen. Dann fährt mein Zug nach Cuzco ab. Auf Anraten eines kleinen Reisebüros habe ich 1.Klasse gebucht, obwohl es, wie ich jetzt feststelle, überhaupt keinen Unterschied zur 2.Klasse gibt.

Der Zug stampft langsam los, an den Verkaufsständen vorbei. Durch die offenen Fenster wird eilig der letzte Kauf getätigt, Bananen rein-, Geld rausgereicht, dann fahren wir schneller, die Verkäuferinnen bleiben zurück. Wir passieren erst dreckige Häuser, dann Hütten, schließlich armselige Behausungen, die verloren in den kargen Gräsern der Hochebene stehen. Lamas weiden überall, genauso muß das vor 500 Jahren, zur Zeit der Incas, schon ausgesehen haben. Ein paar Meter neben den Gleisen steht eine alte India, spinnt und hütet Lamas. Das Lama dient nicht allein als Tragetier, es ist ebenso Wollelieferant, sein Fett wird zur Herstellung von Kerzen verwendet. Neben dem Fleisch sind die Häute ebenso nützlich, wie auch die Zähne und Sehnen, die zu Musikinstumenten verarbeitet werden. Heute wie früher.

Auf einem Nebengleis bei einer kleinen Station warten wir, bis der entgegenkommende Zug die Stelle passiert hat, dann zuckeln wir wieder los. Es wird dunkel, eh man sich's versieht, so nah am Äquator. Und wenn es dunkel ist, soll man angeblich in diesem Zug sein Gepäck schneller los sein, als man denkt. Die Deckenbeleuchtung funktioniert nicht im Zug... In einer Kurve aber sehe ich durch das Fenster die Lichterkette der Waggons vor uns. Aha, das ist also der Unterschied zwischen 1. und 2.Klasse... Bei den Touristen geht das Licht nicht und prompt vermissen bei unserer Ankunft in Cuzco drei Leute ihre Papiere und Kameras. Bei mir fehlt nur mein bolivianischer Hut, den ich auf die Ablage gelegt hatte.

Auf den Spuren der Inkas

Cuzco, die archäologische Hauptstadt Südamerikas, das ehemalige Herz des Inkareiches. Was hat diese Stadt schon alles erlebt? Und noch heute kann man an der Architektur Cuzcos ihr Schicksal nachlesen. Die *plaza de armas*, das Zentrum der Stadt, liegt an historischer Stelle. Hier ließ sich der erste Inkakaiser und Sonnensohn Manco Capac nieder und gründete Cuzco. In inkaischer Zeit war hier bereits der Hauptplatz der Stadt, nur stehen an seinen Seiten heute statt der Inkatempel Kirchen in schönstem spanischen Kolonialbarock.

Auf mächtigen Inkamauern immer wieder spanische Kolonialbauten. Die bittere Ironie am Rande: Die jahrhundertealten Steinmauern der Inkas, ohne Mörtel aufgeschichtet und exakt ineinander gepaßt, halten jedem Erdbeben stand. Die Kolonialbauten dagegen haben dabei so ihre Probleme.

Viele Vergleiche darf Cuzco für sich beanspruchen: das Rom

Südamerikas zu sein, kollossal wie die ägyptischen Pyramiden, filigran wie spanische Königsstadt Toledo, mystisch wie Stonehenge in Südengland. Der schönste Vergleich beschreibt Cuzco als ein offenes Buch mit Seiten aus Stein. Doch nicht nur Mauern erinnern an vergangenen Glanz. Indias in den farbigen Trachten des Andenhochlands gehören hier selbstverständlich genauso ins Stadtbild wie die schmalen, steilen Kopfsteingäßchen, die windschiefen Treppen, schwer beladene Lamas und bettelnde Kinder mit laufenden Rotznasen. Naja, und Touristen natürlich, stinkende Autos und Busse, Müll auf den Straßen, Taschendiebe, die Kehrseite der Medallie eben.

Auf einem der Cuzco umliegenden Hügel erhebt sich die gigantische Festung Sacsayhuamán. Die bearbeiteten Felsblöcke in den drei Zichzackwällen nehmen zyklopische Ausmaße an. Es wird wohl immer ein Rätsel bleiben, wie die Inkas es schafften, die bis zu neun Meter hohen Felsen millimetergenau ineinanderzufügen...

So wenig mir in Cuzco die Zeit reichte, alles Sehenswerte zu besichtigen, so wenig reicht der Platz hier aus, wollte ich alle Sehenswürdigkeiten gebührend beschreiben, die ich besucht habe. Die Ruinenstadt Pisac zum Beispiel wird bei den touristischen Rundfahrten fast nebenbei in einer Stunde abgehakt, obwohl sie hervorragend erhalten und so ausgedehnt ist, daß ich mich glatt darin verlaufe. Die schmalen Pfade sehen alle gleich aus, Zentimeter neben mir ein gähnender Abgrund. Die andere Seite ebenso steil, nur nach oben. Und an diese Wand klammern sich überall die antiken Gebäude der Inkas.

Da, eben sind zwei Schweine hinter der Wegbiegung verschwunden. hinterher, da muß also auch irgendwo ein Schweinehirte sein, der mir sicher den Weg weisen kann. Das hätte ich mir in Europa auch nicht träumen lassen, daß ich mal in waghalsigem Tempo in den peruanischen Anden Schweine jagen würde. Und ich komme ihnen Kurve für Kurve näher, bis ich, hinter den Tieren her, in eine Ruine stürze und - im Wohnzimmer einer Indiofamilie stehe. Die Schweine grunzen aufgeregt, die Indiokinder scharen sich rasch um Mamas Rockzipfel, sechs paar Augen schauen mich erstaunt und fragend an.

″Buenos Dias!″, keuche ich verlegen, entschuldige mein Hereinfallen und frage nach dem Weg zurück zur Straße. Der neunjährige Pedro begleitet mich dorthin. Er muß sowieso zum Eingang der Ruinen, er ist einer der kleinen Jungen, die Getränke an müde Reisende verkaufen. An guten Tagen verkauft er zehn Flaschen. Daran verdient er etwa 2,-DM. Ich frage ihn, was er denn mit dem Geld mache.

″Die Hälfte gebe ich meiner Mutter. Den Rest spare ich. Davon will ich eine Kühlbox kaufen. Dann verkaufe ich nämlich doppelt so viele Getränke und verdiene viel Geld. So viel, daß ich bald in Lima wohne und später in der Schweiz!″
″Gehst du denn zur Schule?″
″Nein, die ist weit und wir brauchen das Geld, das ich verdiene.″

Was ist das für eine Kindheit? Mit neun Jahren schon erwachsen sein zu müssen, Geld verdienen, statt zu spielen.

Und wenn ein Mädchen in Europa zum sechsten Geburtstag eine Puppe geschenkt bekommt, würde es, in Peru aufgewachsen, statt einer Puppe schon lange das kleine Geschwisterchen im Tragetuch auf dem Rücken tragen. Ist dies alles Kinderarbeit oder sind das keine Kinder mehr? Das sind neun- oder zehnjährige Erwachsene mit ernstem Gesicht, die um ihre Kindheit und Jugend betrogen wurden.

Auch den Markt von Pisac sehe ich mir an. Auf dem Boden haben die Indias Decken ausgebreitet, auf denen sie ihre Waren zu kleinen Häufchen schichten. Kartoffeln, Lauch, Mangos, Zwiebeln, eßbare Wurzeln, exotische Früchte, mir unbekannte Gemüsearten und schärfste Gewürze werden hier angeboten. Untereinander wird nach wie vor Tauschhandel praktiziert: eine Schürze Kartoffeln gegen drei Hände Zwiebeln, aber der Markt von Pisac ist im Grunde genommen ein Touristenmarkt. Das fröhliche bunte Treiben des Gemüsemarktes ist größtenteils einem geschäftigen, durchkalkulierten Kunsthandwerkermarkt gewichen und läuft Gefahr, zur Kitschbörse zu verkommen. Überteure Preise werden für minderwertige Qualität verlangt, die große Nachfrage kann man halt nur mit Massenware stillen.

Doch Halt! Bevor ich jetzt wieder anfange, über die bösen, bösen Touristen herzuziehen, sollte ich mal ab und zu an meine eigene Nase fassen. Schließlich bin ich selber ein Tourist. Und was für einer... Ich feilsche um jeden Pfennig, als wär's mein letzter.

Beim Pauschaltourismus besichtigt man Tempel, Kirchen, bestaunt die Natur, aber man bekommt keinen Kontakt zur Bevölkerung, zumal meistens Zeit und Sprachkenntnisse fehlen. Aber wie ist das eigentlich mit uns Globetrottern?

Der Globetrotter ist ständig auf der Suche nach Orten, wo er sagen kann:

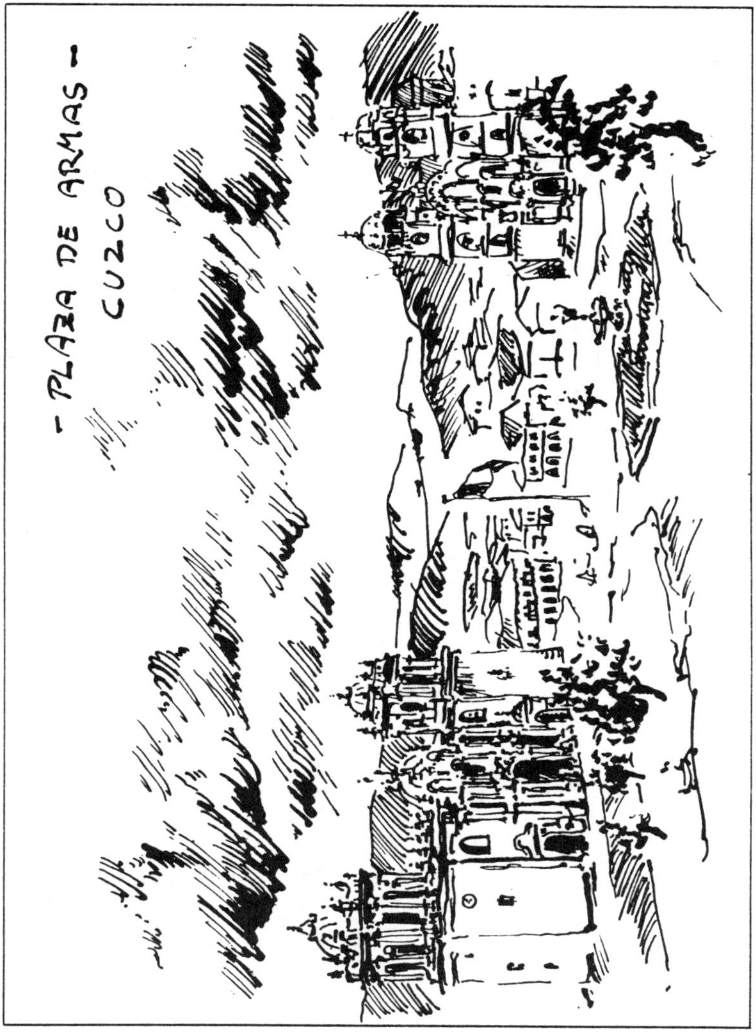
- PLAZA DE ARMAS -
CUZCO

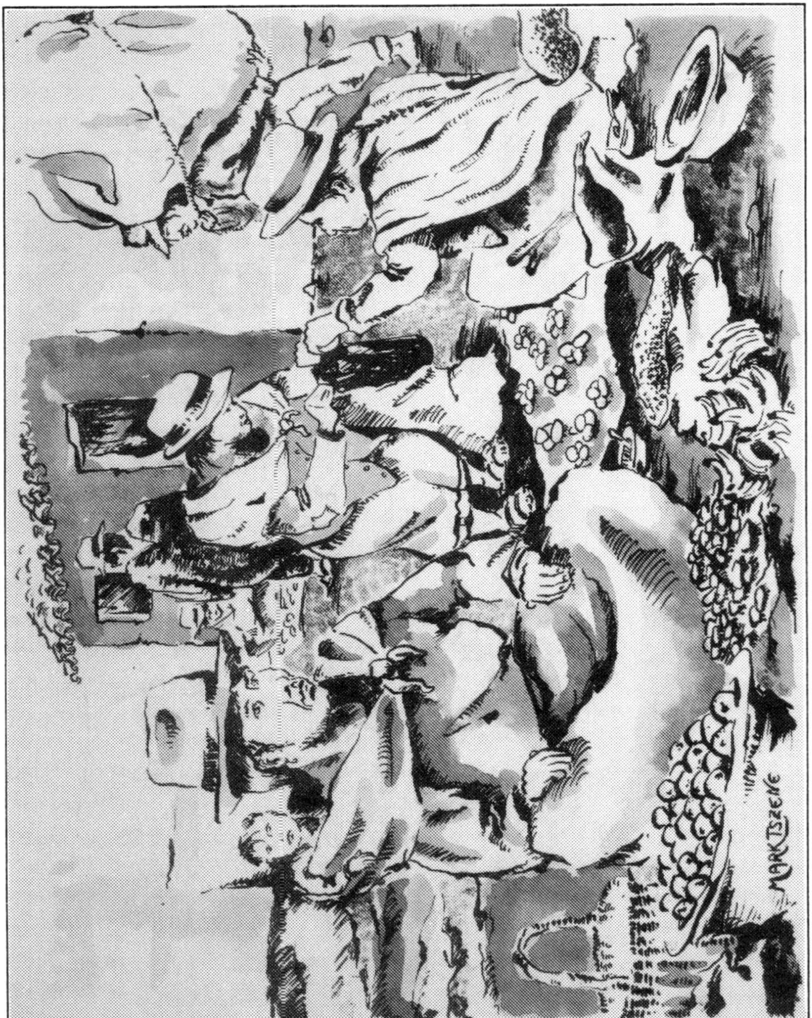

″Mensch, toll! Kein Tourist! Hier ist die Welt echt noch in Ordnung.″

Noch ist vielleicht das richtige Wort, denn diese ganzen ′Geheimtips′, die in Globetrotterhotels ausgetauscht werden, ziehen immer weitere Kreise. Von da an dauert es nicht mehr lange bis zur touristischen Entjungferung der bislang unberührten Dörfer. Sind die Globetrotter also die Vorhut, die Pioniere des Massentourismus?

So reise ich oftmals mit einer schizophrenen Mischung aus unverholener Neugierde und nicht verdrängbaren Skrupeln durch die Lande. Aber ich versuche, mich mit der Bevölkerung auf eine Stufe zu stellen und ihnen nicht eine arrogante Show der westlichen Wunderwelt zu bieten. Nun, mit diesem Problemkreis muß sich jeder Reisende ganz persönlich und vor Ort auseinandersetzen. Ein Patentrezept gibt es leider nicht.

Schon um halb sechs Uhr morgens sitze ich im Zug nach Machu Picchu, der wohl größten touristischen Attraktion Südamerikas. Langsam schnauft der Zug mal vorwärts, dann rückwärts die Zickzack-gleise den steilen Hang am Rande Cuzcos hinauf. Es ist, als müßte die Eisenbahn Treppe steigen. Nach diesem Aufstieg geht der restliche Weg nach Machu Picchu abwärts, in den Bergurwald hinein. Die Gleise folgen dem Lauf des Urubamba. Ein kleiner Fluß, dessen Wasser sich etwa 5000 Kilometer stromabwärts als Amazonas in den Atlantik ergießen wird.

Ich habe einen prächtigen Sitzplatz gefunden, auf dem Stoßdämpfer am Ende des Zuges. Fasziniert betrachte ich die Urwaldvegetation und die steil aufragenden Berge auf beiden Seiten. Ein wahrhaft tropischer Regen setzt plötzlich ein und durchnäßt mich bis auf die Haut, eh ich wieder ins Abteil zurückdränge. Jetzt in der Regenzeit hat man Glück mit jedem regenfreien Tag, und nicht selten muß man die Reiseroute spontan ändern, da Erdrutsche oft tagelang Straßen und Gleise blockieren. So ist zum Beispiel gerade die Strecke Cuzco - Arequipa gesperrt. Einer der billigen Inlandflüge wird mir übermorgen über das Hindernis hinweghelfen.

Doch erstmal kommt Machu Picchu. Eine Station vorher, in Aguas Calientes, werde ich aussteigen, um dann morgen in aller Frühe auf den abenteuerlichen Bergrücken zu steigen.

Die rätselhafte Inkastadt liegt dort wie ein Kondornest auf einem Felsen hoch über einer Flußschleife des Urubamba. Noch vor der Morgendämmerung stiefel ich los und plage mich die 800 Höhenmeter zu Fuß hoch, da um diese Zeit normalerweise noch keine Besucher kommen und somit auch noch kein Bus die vierzehn Serpentinen hochfährt.

Von unten ist Machu Picchu nicht sichtbar, es wurde von den spanischen Eroberern nie gefunden. Erst 1911 wurde es von einem nordamerikanischen Forscher entdeckt. Und dann betrete ich diese Ruinenstadt, ihre Gassen, Plätze, die Häuser und Terassen. Ganz allein erkunde ich diese verlassene Siedlung. Oder war es früher eine Tempelanlage, eine Festung oder eine astrologische Beobachtungsstation?

Ich erklettere noch die glitschigen Stufen und Pfade des Huayna Picchu, den Gipfel, der wie ein Wächter die Stadt überragt und beschützt. Was für Empfindungen mich überkommen , als ich oben bin und freie Sicht habe, läßt sich kaum niederschreiben. Nach drei Seiten kann ich fast senkrecht in die Tiefe blicken, wo der Urubamba den Felsen in einer Haarnadelkurve umspült. Auf der vierten liegt Machu Picchu im dampfenden Grün unter mir.Nebelfetzen steigen schnell aus dem Tal auf, verschleiern die Stadt für Augenblicke, dann erstrahlt Machu Picchu wieder majestätisch im hellen Morgenlicht.

Ein weiterer unvergeßlicher Höhepunkt meiner Reise. Noch dazu habe ich Glück, daß heute kaum andere Besucher hier sind, da ein Erdrutsch letzte Nacht auch diese Eisenbahnstrecke verschüttet hat. Ansonsten wimmelt es hier nämlich von Touristen, die sich alle verständlicherweise diese wundervolle Symbiose aus Ruinen und Natur ansehen wollen. Heute kommen aber nur diejenigen zu dem Erlebnis, die, wie ich, schon seit gestern hier sind oder über den ehemaligen Inkapfad über die Bergrücken gewandert sind.
Gegen Nachmittag allerdings werde ich unruhig, morgen um sieben Uhr früh möchte ich in Cuzco auf dem Flugplatz sein, und es fährt noch immer kein Zug. Alle halbe Stunde frage ich den Stationsvorsteher, ob er schon Neuigkeiten erhalten habe, wie weit die Aufräumungsarbeiten wären. Und immer wieder murrt er mir nur genervt seine stereotype Antwort vor:

"*Tranquilo!* Immer mit der Ruhe!"
Als ich fast die Hoffnung aufgegeben habe, heute noch nach Cuzco zu kommen, fährt quietschend ein Zug ein. Man wolle es versuchen, auf provisorischen Gleisen über die Erdrutschstelle zu fahren, heißt es. Und tatsächlich, kurz vor eins, erreicht der Zug Cuzco - mein Flug ist gerettet.

Panamerikana

Mit fast drei Stunden Verspätung wird der Flug nach Arequipa ausgerufen. Ich werde heute den altiplano hinter mir lassen und über die Kordilliere an den Westhang der Anden hüpfen. Ich habe mich gerade in den Sitz fallen lassen und mich angeschnallt, da ertönt die Stimme des Kapitäns:
"Meine Damen und Herren, bitte steigen sie noch einmal aus, und nehmen sie ihr Gepäck mit. Gegen diesen Flug besteht eine Bombendrohung, aber wir haben alles im Griff."
Dieses Gefühl aber habe ich nicht, als ich sehe, wie oberflächlich das ganze Gepäck kontrolliert wird. Viele Sorgen scheinen sich die Flughafenarbeiter nicht um die Bombendrohung zu machen, so wie sie mit den Taschen und Kisten rumwerfen...
Und schließlich geht es dann auch los, das Flugzeug rumpelt über die Startbahn und innen herrscht eine 'Bombenstimmung'. Aber 'nicht explodiert' landet es eine halbe Stunde später unsanft in Arequipa.

Am Fuße des schneebedeckten Vulkans El Misti liegt die zweitgrößte Stadt Perus. Arequipa wird 'die weiße Stadt' genannt, da seine Gebäude fast ausschließlich aus dem weißen, porösen Vulkangestein gebaut sind. Die wunderbare *plaza de armas,* das berühmte Kloster Santa Catalina und einige weitere Sehenswürdigkeiten möchte ich hier besuchen. Aber die meiste Zeit verbringe ich damit, einfach planlos durch die grellen weißen Straßen der Stadt zu laufen und mir die Sonne (sie scheint hier über 350 Tage im Jahr) auf den Pelz brennen zu lassen.
Die zeremonielle Flaggenparade am Sonntag wird Woche für Woche mit demselben, typisch südamerikanischen Nationalstolz vorgetragen. Nachdem mit furchtbar viel Tamtam die

Fahnen von Arequipa und Peru auf der plaza gehißt werden, stimmt der Bürgermeister die Nationalhymne an und Soldaten wie Zivilisten singen aus tiefster Überzeugung mit. Oft genug habe ich als Kind diese Hymne in der Schule vor Unterrichtsbeginn gesungen, um den Text auswendig zu kennen. Ich singe also lauthals mit und amüsiere mich über die verdutzten Blicke zweier Polizisten, die mir eben noch empört signalisierten, ich solle gefälligst meinen Hut absetzen.

Trotz militärischem Prunk ist die Armut in Peru aber unübersehbar vorhanden. Dreckige Slums in den Randbezirken jeder größeren Stadt, Bettler von 4 - 70 Jahren und das große Heer der Gelegenheitsarbeiter, der Schuhputzer, Lastenträger und Zigarettenverkäufer. Da meine dreckigen Schuhe seit Puno eine ewige Traube Schuhputzer hinter sich herziehen, die ich allmählich leid bin, lasse ich sie mir halt für einen Pfennigbetrag putzen. Graue Schuhcreme hat der Kleine nicht. Wir schließen den Kompromiß, die Sohle schwarz, den Rest gelb einzuschmieren. Das Ergebnis sieht zwar widerlich aus, aber glänzt! Und das zählt, jetzt kann ich wieder ungestört über die plaza gehen, ohne alle paar Schritte zu einem Schuhputzer "No, gracias!" sagen zu müssen.

Wenige Kilometer hinter Arequipa stößt der Bus auf die Traumstraße Amerikas, die Panamericana, die hier in Peru durch die einsame Küstenwüste am Pazifik führt. Ein endloses Asphaltband, flimmernd und schnurgerade in die braue Monotonie der Wüste gelegt. Als sich meine

Augen allerdings nach einigen Kilometern darauf eingestellt haben, andere Kriterien zu akzeptieren, hat mich der Charme der Wüste auch schon vollends gefangen genommen, verzaubert. Die unermüdlich wechselnden Oberflächen und Brauntöne lassen eine fantastische Vielfalt an Impressionen zu. Ein kleiner Wirbelsturm tanzt auf den sandigen Hügeln seinen Monolog. Im Hintergrund, wie feudale Schlösser, die mächtigen Berge der Anden. Auf der anderen Seite die unendlichen Weiten des Pazifiks.

Der Bus hält, ein Peruaner steigt mit seinem Bündel voller Lebensmittel aus und verläßt zielstrebig die Straße. Erst jetzt sehe ich in der Ferne die armselige Hütte, schmucklos, ohne Pflanzen in dieser unwirtlichen Gegend. Was für ein Leben...

Wir passieren einen Massenunfall von LKW's. Den einen hat's schwer erwischt, das Führerhaus ist völlig zerquetscht. Da war wohl wieder mal ein Fahrer besoffen oder ist am

Steuer eingeschlafen... Hoffentlich endet meine Reise nicht auch irgendwo so.

Hin und wieder steht, wie ein Wunder, ein einsamer Baum neben der Straße. Dafür gibt es, wie mein Busnachbar mir grinsend versichert, eine recht irdische Erklärung. Dieser Baum ist eine 'sanitäre Anlage'! Wo kilometerweit nichts als Sand und Steine ist, lebt er von den Bedürfnissen der vorbeifahrenden Reisenden.

Über Nazca, mit seinen weltberühmten überdimensionalen Scharrbildern aus der Vor-Inka-Zeit, und Ica, das Zentrum des peruanischen Weinanbaugebietes geht es nach Pisco. Hier wird der gleichnamige Weinbrand hergestellt, der als Pisco sour Eingang in die internationale Coctailwelt gefunden hat.

Neben diesem empfehlenswerten Getränk hat Pisco aber noch etwas Außergewöhnliches zu bieten. Vor seiner Küste liegen die Islas Ballestas, auf denen unzählige Seelöwen leben. Schon auf der Fahrt zu den Inseln werden wir neugierig beobachtet. Ganze Seelöwenfamilien kommen von der Insel her ins Wasser gerobbt und tollen um das Boot. Von Weitem hört man schon das Brüllen der Seelöwen auf der Insel. Ein witziges Bild: die Strände sind, wie am Mittelmeer, von brau-

nen Leibern übersät. Reviere werden verteidigt, Weibchen umworben...

Eine weiße Schicht überzieht die Felsen. Guano, der Kot der Seevögel, wird hier industriell abgebaut und als hochwertiger Dünger in alle Welt exportiert.

Genug von Weinbrand und Vogelkot, mich zieht's nach Lima, wo ich erstmal eine Ruhepause einlegen werde. Zuviele Eindrücke kamen in letzter Zeit auf mich zu, mein Blick ist dabei 'amerikanisiert': die Augen haben sich schnell an all das Besondere gewöhnt. Sie sind abgestumpft, so daß eine Stadt momentan nur noch aus plaza, Markt und Hotel besteht. Ich bin unsensibel geworden gegenüber dem hungrigen Blick, mit dem der kleine Peruaner mich beim Essen beobachtet. Mein automatisches Kopfschütteln, wenn dasselbe Mädchen zum dritten Mal kommt und ihre gewebten Bänder zu Spottpreisen verkaufen will... Und, was mich am meisten stört: der mißtrauische Blick, mit dem ich inzwischen jeden taxiere, der näher als einen Meter an mich herankommt. Zu viele Reisende, die ich kennengelernt habe, wurden um dies und das erleichtert...

Nein, ich brauche erstmal Urlaub vom Urlaub, um all die Erlebnisse zu verdauen und zu verarbeiten.

Lima

Die wohlverdiente Ruhe finde ich in Miraflores, dem eleganten Stadtviertel der Reichen und Ausländer. Hier wohnte ich mit meinen Eltern vor 13 Jahren, und ich werde herzlich von Freunden aufgenommen, die noch immer hier leben. Ein paar Tage genieße ich einfach den Luxus einer warmen Dusche, des Fernsehers, Kühlschranks und lese meine Post aus Deutschland.

In diesen Villen vergißt man vor Bequemlichkeit schnell, was draußen vor sich geht. Eine hohe, glasscherbenbesetzte Mauer schützt vor Dieben und unerwünschten Straßenhändlern. Dahinter lebt man in einer privaten heilen Welt. Arroganz und Ignoranz des Kapitals gegenüber den existentiellen Nöten der Armen sieht man hier schon der Architektur an. Im Zentrum die prächtigen Kolonialbauten und abweisende Bank- und Bürohochhäuser, in den Außenbezirken Wellblechbaracken und Strohhütten.

Lima ist eingeschlossen von dem täglich wachsenden Gürtel der *barriadas*, der Elendsviertel. Geschwürartig wachsen die dreckigen Stadtteile die steinigen Hänge der wüstenhaften Andenausläufer hoch. Ohne Kanalisation, fließend Wasser und Elektrizität vegetieren Millionen in diesen provisorischen Siedlungen, die beschönigend Namen wie *'ciudad de dios'* (Stadt Gottes), oder *'nueva esperanza '* (Neue Hoffnung) erhalten. Ein Korsett, das Lima zu erwürgen droht - und täglich spukken Busse, die aus den Bergen kommen, neue Menschen in diesen Hexenkessel. Menschen, die in der *sierra* alles aufgegeben haben und voller Hoffnung neu beginnen wollen. Ein Neubeginn ohne faire Chance.

Die Arbeitslosigkeit, die europäischen Verhältnissen nur spottet, drängt viele Menschen in Kriminalität, Prostitution und Gewalt. Oder sie leben vom und auf dem Müll der Oberschicht, verdienen sich ein paar Pfennige als Zeitungsverkäufer oder Straßenhändler. Doch davon bekommt man in Miraflores nicht viel mit.

Nach einigen Tagen Abgeschiedenheit vom Dreck und Chaos des ehrlichen Südamerikas werde ich wieder unruhig und denke an meine Verpflichtungen, die ich hier in Lima noch habe.

Maria, unsere ehemalige *muchacha*, das Hausmädchen, will

natürlich besucht werden. Ebenso Marcelina, eine Freundin von Maria, die wir aus Deutschland finanziell ein wenig unterstützen und Cirilo, der Gärtner.

Marcelina haust in einem bröckelnden, fensterlosen, etwa sieben Quadratmeter großen Raum in einem verwahrlosten Stadtviertel Limas. Eine Kochnische, ein Tisch und zwei Betten; mehr Platz ist nicht für sie und ihre zwei erwachsenen Töchter. Marcelina verdiente ihr Geld durch Wäschewaschen für die Nachbarschaft, bis das scharfe Waschmittel ihre Hände zerfressen hatte. Nun lebt sie nur noch von den Spenden aus Deutschland. Mich empfängt sie deshalb mit etwas, für sie ganz Besonderem. Eier und Brötchen hat sie gekauft.

Mir fällt es schwer, das von ihr anzunehmen, aber das ist die einzige Art, auf die sie sich bedanken kann... Nach dem Essen bitte ich um Klopapier, um mir die Nase putzen zu können - sofort schickt Marcelina ihre Tochter zum Markt, um welches zu kaufen. Erschütternd, wenn selbst Klopapier zu den 'Luxusartikeln' gehört, die man sich nicht leisten kann...

Um Cirilo zu besuchen, muß ich mit dem Bus eineinhalb Stunden in den Süden Limas fahren. Von einem trostlosen Stadtteil komme ich in einen noch trostloseren. Planlos klammern sich Hütten aus Holz, Stein, Blech, Pappe und Stroh an die kargen Hänge. Cirilo aber hat sich im Laufe von 20 Jahren eine 'ganz schöne'

Behausung gebaut. Zweistöckig, vier Zimmer und einkleiner Garten, den er liebevoll pflegt. Von seinen neun Kindern starb eines, aber von den restlichen acht ist eines verheiratet, drei arbeiten, zwei studieren (!) und zwei gehen noch zur Schule. Alle Achtung, Cirilo. Was du erreicht hast, hier in Lima, schaffen nur die wenigsten Neuankömmlinge.

Landflucht - Zwei fiktive Biografien:

Wie baue ich mir eine Existenz auf? Angenommen, Sie sind soeben aus Ihrem Heimatdorf in den Anden nach Lima gekommen, um nicht mehr von der kläglichen Kartoffel- oder Maisernte leben zu müssen, die Sie und Ihre sechs Geschwister sowieso nicht ernähren kann. Sie haben ein Bündel Kleider, etwa 3,-DM und die Adresse Ihres Cousins dabei, der seit vier Jahren schon hier wohnt. In Lima, so denken Sie, gibt's genug Arbeit, auch für Sie, obwohl Sie weder lesen noch schreiben können. Die ersten Wochen kommen Sie bei Ihrem Cousin unter, aber in seiner Hütte ist nicht viel Platz, seine Frau und die drei Kinder sind schließlich auch noch da...

Nun gibt es zwei Möglichkeiten:

Sie sind männlich?

Gut, sie verdienen sich ein paar Intis, indem Sie auf der Müllhalde nach Verwertbarem suchen, und es weiterverkaufen. Dann arbeiten Sie zwei Jahre in einer Tischlerei, doch als Sie in die Gewerkschaft eintreten, wird Ihnen gekündigt. Die Mitgift von

Ein alleinstehendes Mädchen?

Naja, man weiß ja, was man von Ihnen zu halten hat! Doch Sie haben Glück und werden keine Prostituierte, sondern eine schlecht bezahlte 'muchacha', ein Hausmädchen bei einem peruanischen Fabrikanten. Sie erhalten eine Kammer mit Bett

Ihrer Frau, einer *'chola'* aus den Anden, reicht, um aus fünf Matten eine bescheidene Hütte zu errichten, doch eines frühen Morgens räumt das Militär die Siedlung. Blut wird vergossen; nach langen Verhandlungen dürfen sie bleiben, wenn die Siedler ein Straßensystem errichten. Sie aber verlassen Ihre Familie und ziehen zu Carmen, die ein kleines Geschäft in einem anderen *'pueblo joven'* besitzt.

Dein kleiner Sohn war erst

auf dem Flachdach des Hauses, Essen und ein wenig Lohn, für den Sie sich bald ein Radio kaufen werden.

Noch sehen Sie gut aus ,und ab und zu müssen Sie sich gegen die Zudringlichkeiten des 17-jährigen Fabrikantensohnes wehren, der seine Männlichkeit testen möchte.

An einem, der wenigen freien Tage lernen Sie im Kino bei einem amerikanischen Aktionfilm einem netten Peruaner kennen, den Sie hin und wieder treffen. Auf die Heirat sparten Sie zehn Monate und verdammt gut steht Ihnen das Brautkleid, obwohl man unschwer erkennen kann, daß Sie bald Mutter sein werden. Ihr Vater starb letzten November, doch Mutter ist zur Hochzeit gekommen und bringt ihr Erspartes als Mitgift nach Lima. (Sie verkaufte die beiden Schweine.)

Als Juanita geboren wird, wird Dir gekündigt; süß sieht die Kleine aus. Dein Mann hat eine kleine Hütte gebaut, am Rande der Stadt, an ei-

zwei, als er verhungerte. Seine 6-jährige Schwester, die ihm immer seine Nestlé Trockenmilch angerührt hatte, war selber so hungrig, daß sie die Milch stark verdünnte, um selber welche trinken zu können.

Der kleine weiße Holzsarg kostete ein Vermögen, doch Du läßt Dir nichts nachsagen, schließlich war er ja Dein eigen Fleisch und Blut.

Deine neue Arbeit als Schlossergehilfe wirft nicht viel ab und die drei Stunden Busfahrt hin und zurück fressen fast ein Viertel des Lohnes auf, also kommst Du nur noch über's Wochenende zu Deiner Frau und den Kindern. So bist Du auch nem Wüstenhang. Dann kam der Tag, an dem er besoffen auf Dich einschlug und Dich für immer verließ.

Du saßest nun alleine mit den zwei Kindern da, zurück in die Berge wolltest Du nicht. Anfangs schämtest Du Dich, die Dir fremde Sprache spanisch zu reden, jetzt schämen sich Deine Kinder, *quetchua,* Deine Muttersprache, zu sprechen.

Du wäscht nun die Wäsche der Nachbarn für ein paar Intis. Juana holt Wasser vom einzigen Wasserhan der Siedlung und Dein jüngster, Paco, hat manchmal Glück beim Betteln in der Stadt. Bald schon werden Deine Hände zerfressen sein vom

nicht dabei, als auch dieser Stadtteil geräumt wird.
Man sagt, die Grundstücke würden nun an ein nordamerikanisches Unternehmen verkauft...

scharfen Waschmittel und Du mußt Dir andere Arbeit suchen, aber Du bist ja nur eine dumme India aus den Bergen, vom Mann verlassen...

Im Zentrum der Stadt reiten Simón Bolívar und San Martin als Denkmal noch immer für die Unabhängigkeit Perus. Doch wer reitet für das hungernde Volk? Der *sendero luminoso*, die Guerilla? Peru wird noch viele Fragen beantworten müssen... Ich jedenfalls setze nach 10 Tagen Lima mit neuen Kräften meinen Weg nach Norden fort.

Höhenkoller

Mein nächstes Ziel ist die Schweiz.
'Peruanische Schweiz' wird das Gebiet um Huaraz wegen seiner alpin anmutenden Landschaft genannt. Doch bevor ich dort ankomme, muß ich noch die kälteste Nacht meiner Reise überstehen. Abends war ich bei schwüler Hitze in Lima in den Nachtbus gestiegen. Ich vergaß, daß ich in die Berge fahre, Huaraz liegt auf 3028 Metern und das Fenster neben meinem Platz schließt nicht.

Ich bereue schon bald, nur im T-shirt losgefahren zu sein. Die ganzen warmen Klamotten sind im Rucksack auf dem Busdach. Da nützen sie mir herzlich wenig. Zusammengekauert fröstel ich dem Tag und seinen Sonnenstrahlen entgegen. Und jedesmal, wenn ich einnicke, setzt ein Schlagloch meinem Schlaf ein jähes Ende. Wie beim Autoscooter auf dem Schützenfest wird man durchgeschüttelt und auf- und abgeschleudert. Der Kopf prallt gegen die Scheibe, ich bin wieder hellwach. Die irrsinnig laute Musik verzeihe ich dem Fahrer. Sie hält ihn hoffentlich auf dieser Wahnsinnsstrecke wach... Welche Erleichterung, als der Himmel aufhellt und kurz darauf Huaraz in Sicht kommt.

Unter einer heißen Dusche taue ich wieder auf, und nach einem warmen Frühstück wandere ich durch die eindrucksvolle Landschaft auf den schneebedeckten Huascarán zu. Mit 6768 Metern ist dies Perus höchster Berg. Zu seinen Füßen lag bis zum 31. Mai 1970 um 15 Uhr 30 die Stadt Yungay. Ein gewaltiges Erdbeben erschütterte damals die Provinz Ancash. Ein Teil des Berges rutschte in einen oberhalb Yungays gelegenen See, dessen Schlammassen überschwappten und auf die Stadt zudonnerten. Mit einer Geschwindigkeit von etwa 300 km/h raste die Lawine ins Tal und begrub Yungay unter zehn Meter Eis, Schlamm und Steinen. 240 Menschen nur konnten sich retten. Sie flüchteten auf den Friedhof, der hinter der Stadt auf einem Hügel liegt und als einziges nicht überschwemmt wurde. Insgesamt forderte das Beben 80000 Menschenleben.

Heute allerdings zeugen auf einer wunderhübschen Wiese nur noch ein zerknautschter Bus und die vier vertrockneten Palmenwipfel der plaza von der Katastrophe. Yungay wurde einen Kilometer nördlich wieder aufgebaut.

Ich mache mich wieder auf den Rückweg nach Huaraz. Die Landschaft hier erinnert tatsächlich ein wenig an die Schweiz - ein klarer Bach plätschert im Tal, neben der Straße weiden Milchkühe und in der Ferne leuchtet der Schnee auf den mächtigen Andengipfeln. Ich habe ein Sammeltaxi angehalten und fahre hinten auf der Stoßstange mit, da die Ladefläche des Pick-ups schon voll ist. Das Sammeltaxi ist ein sehr praktisches, schnelles und billiges Fortbewegungsmittel. Am Ausgang eines kleinen Dorfes allerdings geschieht etwas Unerwar-

tetes. Bei voller Fahrt knallt mir plötzlich ein wassergefüllter Ballon ins Gesicht. Ich kann mich mit Mühe auf dem Wagen halten, die mitfahrenden Indios lachen sich nur schlapp.
"Weißt du denn nicht, daß bald Karneval ist?", fragt mich ein Alter.
"Doch, warum?"
"Naja, die drei Wochen vor Karneval wirft man mit Wasser, bespritzt sich gegenseitig."
Als erstes kaufe ich mir in Huaraz Ballons, die ich mit Wasser fülle und in Peru ab jetzt ständig bei mir trage.
"Das sollen sie nochmal mit mir machen..."

Von *soroche*, der berühmt-berüchtigten Höhenkrankheit, hat wohl jeder Andenreisende schon gehört. Doch nähere Angaben, als daß ich vorsichtig sein soll, konnte mir niemand machen. Ich wußte lediglich, daß vor einigen Jahren hier ganz

in der Nähe ein Freund meiner Eltern durch *soroche* ums Leben kam. In Bolivien, in Höhen bis zu 4600 Metern allerdings fühlte ich mich pudelwohl, so hatte ich dieses Kapitel bei Erreichen der Pazifikküste abgeschlossen geglaubt. Ein Tagesausflug von Huaraz nach Chavín aber sollte mich eines anderen belehren.

Zunächst steigt die Straße nur langsam, aber stetig an. Leichte Kopfschmerzen machen sich bemerkbar, doch ich ignoriere sie und genieße die rauhe Landschaft. Eine Lagune taucht links der Straße auf, eine Rast wird eingelegt.

"Die frische Luft wird mir gut tun!", denke ich und steige aus dem Wagen.

Wie ein Faustschlag mit voller Wucht trifft mich ein Schwindelanfall und mit letzter Kraft steige ich wieder in den Kleinbus und atme tief durch. Mein rechtes Auge beginnt, wie verrückt zu zucken, ich habe keine Kontrolle mehr darüber. Der Wagen fährt wieder an, windet sich die inzwischen engen Serpentinen hoch. Mir dreht sich alles, meine Hände werden taub und bleischwer; es ist, als gucke ich durch eine Milchglasscheibe.

"Hoffentlich sind wir bald über den Paß...", aber es ist noch kein Ende abzusehen. Soweit ich erkennen kann, haben wir bereits die Schneegrenze erreicht und noch immer geht es Kurve für Kurve höher. Wir werden mal wieder in Perus Dachgeschoß geschraubt. Und die Höhe verschlägt mir die Sprache - wortwörtlich. Gedankenfetzen jagen zusammenhanglos durch meinen Kopf, der sich anfühlt, als würde er jeden Moment bersten.

Um mich zu testen, versuche ich, meinen Busnachbarn auzusprechen, doch die Grenzen zwischen Denken und Reden sind verschwommen. Er reagiert nicht. Ich kann die Wörter kaum mehr sinnvoll aneinanderreihen, geschweige denn die verschiedenen Sprachen auseinanderhalten.

"Was ist das, ein Black-out? Oder *soroche*?" Ein Panikgefühl steigt in mir auf, wird immer mächtiger, bis plötzlich alles um mich herum dunkel ist. Ich schreie auf!

Es ist der Tunnel am Paß, nun geht's wieder abwärts.

In Chavín angekommen, krempele ich förmlich meinen Magen um. Während die anderen die vorchristliche Tempelanlage besichtigen, lege ich mich ins Gras und atme! Die Körperfunktionen kehren mit der Zeit zurück und das ist ungeheuer beruhigend. Ich mache noch eine kleine Zeichnung, bevor es die gleiche Strecke wieder zurück geht. Diesmal überstehe ich die Fahrt besser - trotzdem kaufe ich mir in Huaraz sofort ein Busticket für die nächste Abfahrt an die Küste. Dort gibt es wieder 'dicke Luft', und das Erlebte wirkt nur noch, wie ein böser Traum.

Die 1500 Kilometer von Trujillo bis an die Grenze nach Equador ziehen sich in die Länge. Die Landschaft ist öde, in den Städten habe ich kaum Lust, auszusteigen. Zudem drängt mich mein Peruvisum, das nur noch wenige Tage gültig ist.

Peru kann ich wegen meiner peruanischen Kindheit nicht objektiv beurteilen. Dennoch kann man wohl sagen: Peru ist einzigartig, bietet kulturell, landschaftlich, klimatisch und kulinarisch alles, wonach einem gelüstet. Ich nehme mir auch dieses Mal, wie bei jedem bisher bereisten Land, fest vor, wiederzukommen. Mit mehr Zeit im Rucksack!

Peru ist es wert.

Equador

Das kleinste der Andenländer ist etwas größer, als die Bundesrepublik und ist, wie auch Peru, in drei Klimazonen aufgeteilt. Im Gegensatz zu seinem südlichen Nachbarn, ist Equadors Küstengebiet sehr fruchtbar. Kakao, Reis, Kaffee, Orangen und besonders Bananen werden hier angebaut. Die Sierra mit ihren 30 Vulkanen weist eine für südamerikanische Verhältnisse hervorragende Infrastruktur auf, die sich Equador wegen der Erdölfelder im *oriente*, dem Urwaldgebiet, leisten kann. Der Äquator, nach dem das Land benannt ist, verläuft einige Kilometer nördlich der Hauptstadt Quito. So gibt es hier auch keine Jahreszeiten. Die Temperaturen zwischen wärmstem und kältestem Monat weichen lediglich ein halbes Grad voneinander ab.

Zöllner und Mosquitos

Zöllner habe ich eigentlich noch nie so recht in mein Herz geschlossen. Da steht man immer frisch gekämmt vor den Uniformierten und hofft, daß alle Gerüchte, die man über die betreffende Grenze gehört hat, nicht zutreffen. Ihr mißtrauisches Behördenauge mustert einen vom Scheitel bis zur untersten Tasche des Rucksacks, und ich bete jedesmal innerlich zum Bürokratendämon:
"Laß sie weder etwas finden, das ihnen mißfällt, noch etwas, das sie so begeistert, daß sie es unbedingt haben müssen..."

"*Empezamos a las ocho.* - Wir beginnen um acht.", empfängt mich ein dicker Grenzbeamter. Jetzt ist es sieben Uhr morgens, und es sollte mich wundern, wenn es vor halb zehn losgeht...

Um neun Uhr kommt der erste, für den ich mein gesamtes Reisegepäck ausbreiten soll. Er betrachtet aufmerksam mein Schweizer Messer:

″Muy lindo - sehr schön.″

Seinen eindeutigen Blick ignoriere ich. Die kriegen nix von mir, alle meine Papiere sind in Ordnung, da gibt.s bei mir nix zu holen. Kaum beginne ich, meine sieben (tausend) Sachen wieder einzupacken, möchte der nächste einen Blick auf den Kram werfen. Er interessiert sich vor allem für meine Zeichenutensilien. Ob da wohl staatszersetzende Zeichnungen dabei sind...?

Nun gut, ich fertige eine flüchtige Portraitskizze von ihm an (Hauptsache, die Uniform stimmt), schenke sie ihm und darf mein Gepäck zusammenräumen. Einen Stempel kann er mir trotzdem nicht geben, nur der Chef hat die Schlüssel für den Schrank, in dem die Stempel aufbewahrt werden. Aber er kommt ganz betimmt in fünf ′Minütchen′. Als er tatsächlich auftaucht, möchte er natürlich zunächst das Gepäck kontrollieren.

″Das haben ihre Kollegen schon zweimal getan, aber wenn Sie unbedingt wollen...″, brause ich auf und breite ihm als erstes meine dreckige Unterwäsche auf dem heiligen Bürotisch aus.

″Dejalo, gracias.″, winkt er ab und stempelt meinen Paß ab.

Es ist jedesmal wieder wie ein kleiner Sieg, wenn der ersehnte Ein- oder Ausreisestempel in den Paß knallt. Ein Geräusch, das in letzter Zeit zu meinem Lieblingsgeräusch avanciert ist.

Equador mußte in seiner wechselhaften Geschichte immer wieder riesige Urwaldgebiete an die großen Nachbarn abtreten, und die Besitzansprüche an großen Grenzgebieten zwischen

Peru und Equador sind noch immer umstritten. So wundern mich auch nicht die MG-Nester zu beiden Seiten der Straße und die häufigen Militärkontrollen im Grenzgebiet. Mein Busnachbar meint, ich hätte Glück, nicht im Juli zu kommen.
"Am 28. 7. jährt sich ein Vertragsabschluß, der 1942 Peru ein riesiges Stück equadorianischen Urwald zusprach. Seitdem beziehen in jedem Juli die Heere der beiden Staaten Stellung an der Grenze und knurren sich an."
Naja, ob's stimmt? Der südamerikanischen Mentalität jedenfalls würde es entsprechen.

Die Eisenbahnstrecke von Guayaquil nach Quito zählt zu den schönsten Amerikas. Leider ist der schönste Abschnitt, der Aufstieg in die Anden, zur Zeit gesperrt. Bis zum Fuße der Anden aber steige ich auf den Diesel-Triebwagen. Ja, auf! Ich habe nämlich keine Platzkarte und nur noch auf dem Dach

ist ein wenig Platz. Zwischen Säcken, Kisten, Federvieh und Equadorianern mache ich es mir so bequem es geht und die Schmalspurbahn zuckelt los. Durch Bananenplantagen ohne Ende, Sumpfland und kleine Dörfer mit Schlammstraßen.

Nach Perus Küstenwüste kommt mir diese saftig-grüne Gegend vor wie ein Garten Eden. Hier wächst einfach alles. Gut, ein Paradies vielleicht nur für den flüchtigen Durchreisenden; schließlich tauchte hier 1933 die *"United Fruit Company"* auf. Nordamerikanische Ausbeuter, die ihren spanischen Vorgängern alle Ehre machen.

Lange Stege verbinden den Eisenbahndamm mit Stelzenhäusern in Bananenwäldern. Die Wohnebene beginnt etwa in eineinhalb Metern Höhe und ist dadurch vor Hochwasser, Schlangen und einer Mosquitoart geschützt, die nie höher fliegt. Es muß aber auch andere Mosquitoarten geben, jedenfalls sehen wir 'Dachpassagiere' uns plötzlich mit einem Frontalangriff einer Wolke von Mücken konfrontiert. Jede Gegenwehr ist zwecklos, und diese teuflischen Plagegeister begleiten und bis Bucay, dem Endpunkt der momentan intakten Schienen. Ein malerisches Nest am Rande der Anden. Mich fasziniert insbesondere der Dampfroßfriedhof. Hier rosten unzählige der erst vor kurzem ausrangierten Dampflokomotiven vor sich hin und werden nach und nach von der üppigen Vegetation überwuchert.

In Equador über den Äquator

Der Donnerstagsmarkt in Saquisilí gist als der bedeutendste in ganz Equador. Das Dorf mit 8000 Einwohnern liegt am Fuße des größten noch tätigen Vulkans der Welt. Der schneebedeckte Cotopaxi hält seine Kraterőffnung zumeist in Wolken verhüllt, die nachts aus seinem Inneren gespenstisch beleuchtet werden.

Heute am Mittwoch, ein Tag vor dem Markt ist natürlich kein Hotelzimmer mehr frei. Zu guter Letzt werde ich doch fündig, die Schlafkammer ist aber kaum größer als das Bett und liegt unter einer dreckigen Holztreppe, die die gesamte Nacht über benutzt wird. An ruhigen Schlaf ist also nicht zu denken. Jedesmal, wenn jemand über mir die Treppe hochpoltert, fallen mir Spinnen ins Bett, das ich mir aus Platzmangel sogar mit meinem Rucksack teilen muß.

Der Markt aber ist dieses Opfer ohne Zweifel wert. Die acht großen Plätze des Dorfes und seine Straßen haben sich über Nacht gefüllt. Aus den umliegenden Dörfern und selbst von weit her kommen die Indios zu diesem Massenspektakel von einem Wochenmarkt. Alles, vom Nähgarn bis zu Ochsenköpfen wird angepriesen in diesem farbenprächtigen Gewimmel.

Wie in Peru, so existiert auch in Equador eine jahrhundertealte Rivalität zwischen der Küste und dem früheren Bevölkerungszentrum, dem Andenhochland. In Peru machte Lima das Rennen, Hauptstadt des Landes zu werden. In Equador dagegen konnte Quito gegenüber der Hafenstadt Guayaquil seine traditionsreiche Stellung als zeitweilige Inkaresidenz behaupten. Eine wunderhübsche Altstadt mit etwa 50 Kirchen sowie das moderne pulsierende Leben im neuen Zentrum machen Quitos Charme aus.

Ich erklettere den Hügel am Rande des kolonialzeitlichen

India
Saquisilí

Zentrums, und von hier aus läßt sich diese kontrastreiche Stadt lesen wie eine Karte. Von hier erkenne ich auch so etwas wie einen öffentlichen Waschhof. Das trifft sich gut - meine Wäsche habe ich seit Lima nicht gewaschen und allmählich ekelt sie selbst mich an.

Mit etwas Glück finde ich im Gassengewirr den Innenhof wieder, wo etwa 30 Indias Wäsche waschen und eine ganze Horde Kinder herumtollt. Welch Erstaunen, als ich frage, ob ich denn hier auch waschen dürfe... Als Mann! Als *gringo*, Ausländer! Unglaublich! Nur langsam können sie sich beruhigen, und ich fühle genau die verschmitzten Seitenblicke der jüngeren, die erstaunten Blicke der älteren Frauen.

"Irgend etwas führen die doch im Schilde...", denke ich. Die India am Waschplatz mir gegenüber hat ihrem Stöppke grinsend einem Eimer in die Hand gedrückt, irgendwas geflüstert und verstohlen auf mich gezeigt.

"Was geht hier vor?"

Lange soll ich nicht auf eine Antwort warten. Ein Schwall kaltes Wasser durchnäßt von hinten meine Hose!

"Natürlich, hier ist ja auch Karneval..."

Ich drehe mich unter dem Gelächter ruckhaft um und schaue dem Bengel mit der Rotznase tief in die Augen. Er zuckt fürchterlich zusammen, läßt vor Sreck den Metalleimer fallen und rennt weg. Ich nehme die Verfolgungsjagd sofort auf und wenige Zeit später ist eine riesige Wasserschlacht im Gange. Bis auf einige alte Frauen, die verständnislos den Kopf schütteln und sich wohl über den Sittenverfall beklagen, sind alle dabei.

Fazit: nun habe ich kein einziges trockenes Bekleidungsstück mehr, aber der Hotelchef leiht mir gerne für einen Tag ein paar Sachen, als ich ihm die Geschichte schildere.

Die Coloradoindianer im Westen Quitos sollen laut Reiseführer noch ziemlich ursprünglich leben, sich in ihrer Stammestracht kleiden. Ein gestreifter Lendenschurz und das tiefrot gefärbte Kopfhaar, das, in eine steife schirmmützenartige Form gebracht, keck aussieht.

Ich, als touristischer Jäger und Sammler, muß mir das natürlich ansehen, also mache ich mich auf den beschwerlichen Weg nach Santo Domingo de los Colorados. Eine dreistündige Busfahrt windet sich wieder den Westhang der Anden hinunter. Ein lokaler Bus bringt mich ein Stück weiter an den Abzweig zu einem der Coloradodörfer. Nun geht es zu Fuß weiter durch die tropische Hitze. Schweißtriefend erreiche ich schließlich die Siedlung, die jedoch wie ausgestorben wirkt. Zugezogene Gardinen hinter den kleinen Fenstern der zweigeschossigen Holzhäuser, außer Hühnergackern kein Geräusch. Nicht mal Kinder - komisch. Ein Haus trägt über der Tür ein Holzbrett: *Gobernador* steht in krummen Lettern darauf.

Ich gehe um das Haus herum und hier scheint jemand zuhause zu sein, vom Balkon dringen Geräusche herunter. Also gehe ich die Treppe hoch auf den Balkon und stehe einem *Colorado* gegenüber. Er lümmelt sich in Stammestracht auf einem Sofa, raucht und schaut im Fernsehen American Football. Verwirrt frage ich, ob ich den Gouverneur sprechen kön-

ne...
"Soy yo! Das bin ich!", muffelt er mich an und vertieft sich wieder in die Glotze.

Ich stehe eine Weile da, wie bestellt und nicht abgeholt, dann wandere ich grinsend wieder in die Stadt Santo Domingo de los Colorados und besteige den Bus nach Quito. Da hat die Realität meiner touristischen Sensationsgier also wieder einmal ein Schnippchen geschlagen.

24 Kilometer nördlich von Quito überquere ich die imaginäre Linie des Äquators, nun habe ich die südliche Erdhälfte also hinter mir gelassen. Bis zur kolumbianischen Grenze ist es auch nicht mehr weit, und ich habe mit Equador das fünfte Land meiner Reise 'abgehakt'.

Wohl ist mir bei diesem gehetzten Reisestil nicht. Ich weiß auch eigentlich gar nicht, was mich so drängt. In so kurzer Zeit kann man sich unmöglich von einem Land auf das nächste umstellen. Ein Gefühl der Unsicherheit bleibt fast immer, da mir überall die Zeit fehlt, die Lebensgewohnheiten der Einheimischen in mich aufzunehmen. Ich sehe zwar viel, doch das geht zumeist auf Kosten von intensiven Gesprächen mit der Bevölkerung. Auch fehlt mir die Ruhe, Situationen zu überdenken. Nicht nur akzeptieren, sondern auch verstehen will ich fremde Gebräuche, Sitten und Lebenseinstellungen. Und ich schaffe es trotz all dieser schönen Vorsätze nicht, aus den eingefahrenen europäischen Denkschemata auszubrechen.

Raúls Empfehlung, ich solle

mit den Menschen arbeiten und leben, schwirrt mir nach wie vor durch den Kopf, aber ich kann das nicht. Ich muß weiter.

Adios, Equador. Land der Mosquitos, Bananen und Vulkane.

Kolumbien

Kolumbien liegt im äußersten Nordosten Südamerikas und hat den schlechtsten Ruf weit und breit. Das kommt wohl daher, daß neben dem offiziellen Exportartikel Nummer 1, dem Kaffee (zweitgrößter Kaffeeexporteur der Welt), eine andere 'Warengruppe' Milliardengewinne ins Land holt: Kokain und Marihuana. Die Drogenmafia zieht weite Kreise und reicht bis in die Polizeibehörde und den Staatsapparat. Korruption und Drogen sind hier in Südamerika besonders enge Freunde. Aber auch vier verschiedene Guerillagruppierungen und eine recht rabiate Polizei tragen dazu bei, daß in Kolumbien immer irgendwo etwas los ist. Jedenfalls reise ich mit denkbar schlechten Gefühlen in dieses Land ein, das mit 30% den höchsten Anteil schwarzer Bevölkerung in Südamerika hat.

Teufelsritte durch die Wildnis - im Bus und zu Pferd

Von den equadorianischen Entfernungen und Straßenverhältnissen verwöhnt, kommen mir die Busfahrten hier im großen Kolumbien wieder vor wie Marathonstrecken. Die Busse allerdings sind Extraklasse. In den komfortablen Sesseln und mit Bordvideoanlage vergeht die Zeit recht flott, nur läuft die Klimaanlage wie in Argentinien auf Hochtouren und bei schönstem Sonnenwetter sitzt man fröstelnd im Bus. Nachts aber kann man sehr gut schlafen. Jeweils bis zur nächsten Militärsperre... Und die sind häufig:
"Alle aussteigen, Paß vorzeigen! Männer - Hände hoch an den Bus, Beine breit, abtasten!"
Nach Waffen und Rauschgift wird gesucht. Die schwer be-

waffneten Soldaten machen mir ein paar Probleme wegen des Visums, aber als ich den Chef der Truppe sprechen möchte, ist plötzlich doch alles in Ordnung.

Und weiter geht's. Die Zeit reicht gerade zum Einnicken, dann hält der Bus an der nächsten Kontrollstation.

Gegen Morgen kommen wir in Popayan an. Ein wunderschöner Sonnenaufgang taucht die Kleinstadt, die leider 1983 von einem Erdbeben ziemlich mitgenommen wurde, in zarte Pastellfarben. Ich frühstücke auf der *plaza*, dann besteige ich den Bus nach San Agustín.

Nach Abzweig von der Hauptstraße nach Norden muß ich mal wieder die Zentralkordilliere überqueren. Im Tal des rio Magdalena liegen in wilder Berglandschaft in der Nähe von San Agustín Überreste einer vorchristlichen Kultur. Für die 80 Kilometer Luftlinie (260 Straßenkilometer) braucht der bunt bemalte Bus 12 (in Worten: zwölf) Stunden. Sowas zehrt an den Kräften!

Aber interessante Gespräche mit Mitreisenden machen den Tag erträglich. Auch die Landschaft der Kordilliere ist bezaubernd. Nachdem der Bus die Westflanke erklettert und eine dichte Nebelschicht durchbrochen hat, zeigt sich jedes Tal mit eigenem Gesicht.

Weite Felder in allen nur erdenklichen Grüntönen ergeben ein abstraktes Mosaik. Hinter dem nächsten Bergrücken drängt sich die Schotterpiste eng an den Fels, ein fast senkrechter Abhang gewährt einen Blick auf einen wilden Bach, der weit unter uns durch das schmale Tal gurgelt. Das nächste ist völlig verwuchert mit den seltsamsten Pflanzen und Bäumen: Riesenfarne bis zu etlichen Metern Höhe, Palmen mit stacheligem Stamm erwecken eine urzeitliche Atmosphäre. Nebel zieht auf, der Wind jault jämmerlich und bald jagen zerfetzte Nebelschwaden durch die lianenbehangenen, zerzausten Baumstümpfe.

Gespenstisch - und gefährlich!

Die Sicht beträgt höchstens noch zehn Meter, vor jeder Kurve hupt der Busfahrer und trotzdem wäre es beinahe passiert. Plötzlich taucht in einer Kurve ein Lastwagen aus der Nebelsuppe. Beide Fahrer steigen in die Bremsen, ich knalle gegen den Vordersitz. Das war knapp - wir sind zum Glück an der Bergseite, aber der Lastwagen steht gefährlich dicht am Abhang. Das rechte Vorderrad hängt schon in der Luft. Die Fahrer winken sich nach ihrem ersten Schock lachend zu, wir setzen zurück, lassen den LKW passieren und fahren weiter. Was für Nerven die haben müssen...

In weiten Abständen säumen Häuser den Rand der Straße. Bellende Hunde kündigen den Bus schon von weitem an. Sie nehmen kläffend das Rennen auf und fühlen sich bestimmt als Sieger, wenn der Bus anhält, um jemanden ein- oder aussteigen zu lassen. Ein paar Briefe werden dem Busfahrer in die Hand gedrückt, zum Mitnehmen. Die zahlreichen Kinder des Urwaldnestes stehen in sicherem Abstand und betrachten scheu den Bus und die Insassen. Dies ist für sie das Ereignis des Tages, die Hütten scheinen in die Mitte der Einsamkeit hineingebaut zu sein.

Ich denke an den kolumbianischen Literatur-Nobelpreisträger Gabriel García Márquez. Wie einprägsam beschreibt er in seinem Roman 'Hundert Jahre Einsamkeit' die Geschichte eines solchen Dorfes.

Aus der provisorischen Kneipe dröhnt, wie immer, krächzend Werbung für Sonnencreme, Walkman und Dosenmilch. Das Statussymbol der Andenbewohner von Chile bis Kolumbien scheint das Radio zu sein. Manchmal kann man durch das ganze Rauschen und Knistern kaum etwas verstehen, aber ein Radio bedeutet: *up to date* zu sein. Es bedeutet aber auch, sich verführen zu lassen von Bedürfnissen einer anderen Welt.

Was will denn schließlich der bolivianische Andenbauer mit Sonnencreme, und auch der peruanische Schweinehirte träumt sein Leben lang von Dingen, die er nicht einmal kennt. Die Erfüllung all dieser Wünsche scheint in der Großstadt zu warten, wo ja diese luxusverkündenden Radios auch herkommen...

Landflucht ist die logische Folge. Und zwar in erschtreckendem Maße, konkret bedeutet das nämlich: Die Bevölkerung von Bogota, der Hauptstadt Kolumbiens verfünffachte sich

seit den fünfziger Jahren. 4 Millionen Menschen mehr muß diese Stadt jetzt ernähren. Zusätzliche Arbeitsplätze und Wohnungen für 4 Millionen Menschen in nur 30 Jahren schaffen!!! Im Vergleich dazu kommen mir die Sorgen und großen Sprüche deutscher Politiker wie Sandkastenspiele vor.

Bevor ich allerdings mit dem Monstrum Bogotá konfrontiert werde, steht das genaue Gegenteil auf meinem Reiseplan: die wilden Schluchten und beeindruckenden Zeugnisse früher Kulturen Südkolumbiens.

Ich hatte noch nie ein Pferd, saß erst einmal euf einem und bin noch nie geritten...
"Aber so schwer kann das eigentlich nicht sein"; denke ich mir und entschließe mich, den ortskundigen Führer Germán und zwei Pferde für einen Tagesritt zu mieten.

Die bislang kaum erforschte vorinkaische Kultur von San Agustín hat gewaltige steinerne Monumente hinterlassen. Die Skulpturen und Ruinen sind völlig vom Regenwald überwuchert, und man stößt oft unvermittelt auf Kriegerstatuen und eine Art Hügelgräber. Die freigelegten Monumente sind über das gesamte Quellgebiet des rio Magdalena verstreut, gestern besichtigte ich die, welche zu Fuß erreichbar sind.

Heute erlebe ich auf dem Pferderücken diese einmalige Landschaft. Wir traben auf schmalen Wegen durch den Bergurwald, galoppieren an atemberaubenden Abgründen vorbei und ich fühle mich ein bißchen wie ein *conquistador*. Der Unterschied ist lediglich, daß die spanischen Eroberer reiten konnten, ich aber nicht!

Das Traben bin ich am schnellsten leid. Galopp geht schön flott und 'schüttelt' nicht so, aber die sieben Stunden im Sattel enden bei so gut wie allen Touristen mit wunden Hintern, beruhigt mich Germán.

Was mich ein wenig ärgert, ist, daß mir auf dem Rückweg ein kräftiger Wind meinen zweiten Hut vom Kopf hebt und den steilen Abhang hinunter trägt.

Aber das wäre ja alles auszuhalten, wenn ich 'Globetrottel' mir nicht ein Busticket für heute nacht besorgt hätte. Nach diesem Teufelsritt stehen mir jetzt nämlich 12 Stunden Busfahrt nach Bogotá bevor.
"Wie soll ich diese Nacht bloß überstehen? Ich kann ja noch nicht einmal sitzen...", und zum Überfluß ist der Bus auch noch ein Uralt-Modell mit Holzbänken.

Um sechs Uhr bin ich in Bogotá. Jedes Schlagloch steckt mir noch in den Knochen, mein Hintern fühlt sich an, wie ein verkohltes Hacksteak. Im erstbesten Billighotel halte ich erstmal eine ausgedehnte *siesta*, bevor ich mich in das Chaos dieser 6 Millionen-stadt stürze.
Viel hat die Stadt meines Erachtens nicht zu bieten. Im Nachhinein macht sie sogar Sao Paulo den Superlativ 'abstoßendste Stadt meiner Reise' streitig.
Die Suche nach einer hübschen *plaza de armas* bleibt erfolglos. Man muß die gesamte Konzentration den Taschendieben und dem totalen Verkehr widmen, will man gesund und nicht beraubt durch die wabernden Abgaswolken der rollenden Hupmaschinen kommen.
Erwähnenswert aber, wie auch in Lima, das Goldmuseum. Eine äußerst umfangreiche Sammlung an Keramik, Textilien und Goldarbeiten, die letzteren werden allerdings etwas kurios zur Schau gestellt. Die *'sala del sol'*, der Sonnensaal, ist ein durch Panzertüren gesicherter, unbeleuchteter Raum, in den man unter schwerster Bewachung gruppenweise geführt wird. Die Tür fällt hinter der Gruppe ins Schloß, Licht geht für genau drei Minuten an und füllt, 18000 Mal reflektiert, den Raum mit dem goldenen Widerschein aus den Vitrinen. Genau eine hundertstel Sekunde wird einem also pro goldenem Ausstellungsstück gestattet, dann muß die Gruppe den Saal wieder verlassen.

In der Nähe der Universität lerne ich in einem Studentencafé Carlos kennen. Er studiert Politik und Wissenschaften und kann mir einige Fragen beantworten, während ich ihn zeichne.

"Ich fühle mich hier in Kolumbien immer irgendwie bedroht und wenn man den Zeitungen glauben kann, scheint es hier gerade ein wildes Morden und Stechen zu geben... Stimmt das?", frage ich ihn.

"Angst brauchst du wirklich keine zu haben, wenn du auf dein Geld aufpaßt, aber es ist richtig, die Zeiten sind unruhig.", erklärt er mir.

"Die vier Guerillabewegungen kämpfen gegen das abgekartete Spiel der Politiker. Aber vor allem das Drogenproblem macht Kolumbien zu schaffen. Ein Polizist darf ohne Vorwarnung schießen, wenn er jemanden sieht, der einen Joint raucht oder sich verdächtig verhält. Das gilt grundsätzlich als Notwehr!"

"Das geht doch nicht, das war bestimmt ein Einzelfall..."

"Nein", unterbricht mich Carlos,

..die Polizei setzt bei ihrer Antidrogenkampagne sogar die Luftwaffe ein und bombardiert ganze Dörfer, in denen Drogenverschiebungen vermutet werden."
"Warum sind Marihuana und Kokain überhaupt verboten? Wären Anbau und Handel erlaubt, würde das Land, nicht die Mafiabosse die US-Dollar bekommen.", spekuliere ich.
"Das würden die Politiker aber nie beschließen. Erstens verdienen sie so viel mehr durch die Schmiergelder, und zweitens sind da noch die *Yanquis*. Es ist gefährlich, etwas zu machen, was die Vereinigten Staaten nicht gut finden . Guck dir Grenada und Nicaragua an... Und außerdem, warum sollen sie nicht gleich doppelt kassieren? Auf der einen Seite die Schmiergelder, auf der anderen massive finanzielle Unterstützung von den USA für die Rauschgiftbekämpfung."
"Mal was ganz anderes, was lohnt sich an der karibischen Küste anzusehen?" beschließe ich den politischen Exkurs, da es schon dämmert und ich nicht bei Dunkelheit durch das finstere Viertel zum Hotel gehen will.
"Naja, übermorgen ist der *lunes de carnaval* (Rosenmontag), da mußt du auf jeden Fall in Barranquilla sein. Und ansonsten Cartagena."
"Gracias, amigo. Adios...
..Tschau companero, nos vemos! "

Karneval in Barranquilla

Die moderne Hafenstadt Barranquilla feiert den - nach Rio - berühmtesten Karneval Südamerikas. Mittags wird noch fieberhaft das Podest geschmückt, und die trügerische Ruhe kann nur die Ruhe vor dem Sturm sein. Auch hier ist, wie in Saquisilí, die Hotelsuche fast aussichtslos, alles ist voll.

Schließlich bekomme ich doch noch ein Zimmer, es ist allerdings nicht abschließbar. Mein Mißtrauen gegenüber Kolumbien besteht nach wie vor und wird hier also auf eine harte Probe gestellt. Ich suche nach geeigneten Verstecken für mein Geld und die Schecks, weil ich nicht meine ganzen Wertsachen mit mir durch die Nacht tragen will.

Auf langen Reisen muß man aufpassen, daß Mißtrauen und der ganze Organisationsstreß wie: Hotel suchen, Bustickets kaufen, etc. einem nicht die ganze Reiselaune verderben.

Unter die Matratze meines Hotelbettes lege ich ein paar Schecks, damit eventuelle Diebe zufrieden damit sind und nicht weitersuchen. Den Rest klebe ich auf die Blätter des Deckenventilators - da sucht bestimmt keiner...

Beruhigt kann ich jetzt los; feiern.

In einer schmuddeligen Seitenstraße ist es dann auch soweit. Plötzlich bin ich umringt von einer Gruppe Schwarzer, mit Ketten und Knüppeln bewaffnet.

"Geld her!"

Bedrohlich holt einer mit seiner Riesenkeule weit aus und setzt zum Schlag an. Nach symbolischem Widerstand zücke ich mein Portemonnaie und gebe ihnen ein paar kleine Scheine. Lachend ziehen sie weiter, zielstrebig, mit wilden Gebärden zu ihrem nächsten 'Opfer'. So, als Faschingsscherz lasse ich mir sowas gefallen.

Auf dem Hauptplatz, wo mittags noch eine Totenstille herrschte, drängt sich jetzt eine unübersehbare Menschenmenge. Fantasievoll verkleidet, alkoholbeschwingt, tanzt - zumindest im Herzen - jeder nach der Musik. Was in Rio de Janeiro die *Samba*, das ist hier die *Salsa*. Der Rythmus scheint in jeder Hüfte mitzuschwingen.

Einige Kolumbianer haben lebende Schlangen dabei, die sie natürlich, wie immer und überall, am liebsten *gringos* und hübschen Frauen um den Hals legen. Man kann diesem

Schock aber aus dem Weg gehen, indem man die hysterischen Schreie der Opfer rechtzeitig lokalisiert und immer in sicherer Entfernung bleibt.

Dies ist kein Karneval zum Zuschauen, sondern zum Mitmachen. Hier ist es unmöglich, passiver Beobachter zu bleiben. Die Musik zieht einen unweigerlich rein ins bunte Treiben.

Ich hole schnell meine kleine Kamera, um ein paar Aufnahmen zu machen, aber ich bin ja soo ein Feigling; nicht mal im Karneval traue ich mich, zum Fotografieren dicht ran zu gehen. Dabei gibt es hier so schöne Motive: Der Vater mit Monstermaske, auf den Schultern Sohnemann als Supermann, der bitterlichst heult, weil er kein Eis bekommt. Oder die zwei alten Junggesellen, die, aufreizend geschminkt mit Kleid und Perücke als Frauen verkleidet, *Salsa* tanzen, wobei der rechte Busen des einen ständig rutscht.

Hier ist zu Karneval Brauch, daß alleinstehende Männer sich als Frauen verkleiden. Und sie geben sich Mühe dabei - manchmal ist die Travestie so perfekt, daß es (vor allem spät in der Nacht) des öfteren zu peinlichen Verwicklungen kommt.

Eine Kolumbianerin bemüht sich redlich, mir die Bewegungen der *Salsa* beizubringen. Aber was bei den Einheimischen eine lebensfrohe Eleganz ausstrahlt, scheint bei mir nur komisch auszusehen, jedenfalls lachen alle.

Es ist halb fünf Uhr morgens und noch immer heiß und schwül, oder kommt das vom Alkohol und vom Tanzen?

Ziemlich erschöpft gehe ich zurück ins Hotel. Ich schlurfe die Treppe in den zweiten Stock hoch, öffne meine Zimmertür. Der Griff zum Licht- und Ventilatorschalter ist schon Routine geworden, ich laß mich rücklings auf das Bett fallen und beobachte die Mosquitos bei der Lampe. Langsam und quietschend gewinnt der Ventilator an Schwung und mit einem Mal lösen sich die Klebestreifen auf den Blättern, und mein Geld flattert durch das ganze Zimmer.
"Oh, verdammt! Das hatte ich ganz vergessen!"
Mit einem Satz bin ich am offenen Fenster und rette, was zu retten ist. Die Menschenmenge auf der Straße bricht in johlende Begeisterung aus, als die ersten Geldscheine unten ankommen.

Umgerechnet 12,-DM bin ich durch diese Ventilatoraktion losgeworden, ergibt sich bei einer Bestandsaufnahme.

Geklaut wurde nichts!

Piratennest Cartagena

Cartagena war lange Zeit der wichtigste Hafen Südamerikas. Eine der ältesten spanischen Städte in Amerika (1533 gegr.) und nach einer Hafenstadt in Spanien benannt, wurde Cartagena bald das Tor zum Vizekönigreich Peru.

Die Goldraube der *conquistadores* und die unermeßlichen Mengen Silber, die aus Potosís 'reichem Berg' in Spaniens Staatskasse fließen sollten, wurden zu Lande über Lima und Quito nach Cartagena gebracht. Hier wurden die Schätze eingeschifft, dies ist der Ausgangshafen der legendären 'Silberflotte', die die Reichtümer nach Spanien brachte und unzählige Freibeuter und Piraten in die Karibik lockte.

Der Engländer Sir Francis Drake war der Erste, der die Stadt 1586 mit 1300 Männern überfiel und plünderte. (Das 'Sir' wurde ihm von der englischen Königin verliehen, weil Drake den befeindeten Spaniern in der Karibik oftmals die amerikanische Beute abjagte.)

Den zweiten erfolgreichen Überfall führte gut hundert Jahre später, 1697, ein Franzose. Mit 10000 Männern überrumpelte er die spanische Verteidigung und nahm alles mit, was nicht niet- und nagelfest war. Mit einer gewaltigen Flotte erschien Sir Edward Vernon 1741 vor Cartagena. 27000 Piraten und 3000 Geschütze fuhr er vor, doch die Spanier waren nicht untätig geblieben. Fünf imposante Festungen und eine zwölf Meter hohe Stadtmauer waren nach und nach gebaut worden und hielten diesem Ansturm Stand.

Auf der Rückfahrt von Europa brachten die Schiffe der Silberflotte aus Afrika Schwarze mit, die auf den Plantagen arbeiten mußten. Cartagena war damals der größte Sklavenmarkt Südamerikas.

Die Bewohner des modernen Cartagena, ob weiß oder braun, sehen noch immer aus, wie verkappte Korsaren und auch das Zentrum dieser Stadt hat sich in den 250 Jahren kaum verän-

dert. Man glaubt sich in einen Piratenfilm versetzt. Die engen verwinkelten Gäßchen innerhalb der mächtigen Stadtmauer werden gesäumt von dunkelbraunen Holzbalkonen an zweistöckigen Häusern. Großartige Portale und verzierte Eisengitter verstärken noch den Eindruck einer spätmittelalterlichen Stadt. Große schattenspendende Bäume stehen auf der *plaza* Bolivar, an deren Seiten sich in historischer Eintracht Geld und Kirche, das Goldmuseum und der ehemalige Palast der Inquisition gegenüberstehen.

In dem kühlen Schatten lungern zwielichtige Gestalten herum, die einem allerlei Obskures verkaufen möchten. Kaum drei Schritte kann ich gehen, ohne angesprochen zu werden.

"*Cambio, change, dolares*?"

"Haschisch? *Wanna smoke? Buen precio!* "

Ich flüchte mich in die nächste Kneipe und lerne Jim kennen.

So ein Zufall, ich überlege schon die ganze Zeit, wie ich am günstigsten nach Guatemala komme und Jim ist Barmann auf einem Kreuzschiff.

"Mein Käpt'n sucht noch Leute. Wenn du anheuerst, kommst du schnell nach Guatemala und verdienst sogar dabei. In San Andres und Costa Rica legen wir auch an."

Ich zögere, das ist doch bestimmt eine Falle...

"Nein, Ehrenwort, das ist kein Problem. Los, wir erledigen schon mal die Formalitäten, komm mit."

Das verlockende Angebot hat mich neugierig gemacht, mal sehen, was sich daraus entwickelt... Mit dem Taxi fahren wir zu einem Fotostudio und machen Paßbilder für die Anheuerdokumente, Arbeitserlaubnis, und so weiter. Dann mit dem Taxi zu einem Schiffahrtsbüro. Formblätter werden ausgefüllt, Papiere über Papiere. Schließlich kommt der Punkt: zwanzig Dollar soll ich an Gebühren zahlen, "die bekommst du an Bord wieder.", meint Jim.

Nun heißt es abwägen. Mißtrauen gegen Jims Überzeugungskraft. Sollte er ein Betrüger sein, erscheinen mir zwanzig Dollar wenig für diesen Aufwand, außerdem sieht das Schiffahrtsbüro ziemlich professionell aus. Ich gehe also das Risiko ein! Danach müssen wir noch zur Reederei, aber plötzlich ist Jim in der Menschenmenge verschwunden. Ich sehe ihn und mein Geld nie wieder. Auch das Büro scheint sich in Luft aufgelöst zu haben, oder ich habe mich im Gassengewirr schlicht verlaufen...

Cartagena, altes Piratennest! Hier träumt man nicht nur von Piraten, man trifft sie sogar, wenn man zuviel träumt.

Trotzdem gehört diese Stadt zu den interessantesten und schönsten meiner Reise. Mit einer Kriminalitätsrate zum Blaßwerden zwar, aber auch mit viel Stil, mit *feeling*.

Nach langen Überlegungen, nach vielen Berichten und Tips anderer Globetrotter entschließe ich mich, über die mittelamerikanischen Kleinstaaten nach Guatemala rüberzuhüpfen. Ein Flug wird mich auf die kolumbianische Karibikinsel San Andres und danach weiter nach Guatemala-City bringen. Der Landweg nach Panama würde nämlich zunächst 250 Kilometer durch den Darién führen, zu Fuß!

Keine Straße durchquert dieses Urwaldgebiet. In Quito hatte ich einen Engländer getroffen, der von dieser Strecke schwärmte, aber er war auch dementsprechend ausgerüstet.

Keine Straßenverbindung von Kolumbien nach Panama - eine politische Entscheidung. Panama gehörte seit der spanischen Eroberung zu Kolumbien, welches 1879 den Bau eines Kanals in Angriff genommen, aber nach zehn Jahren das Projekt aufgegeben hatte. Die USA wollten nun die Rechte am halbfertigen Kanal erwerben, aber Kolumbien verkaufte nicht. Da griffen die Vereinigten Staaten 1903 auf ein bewährtes Mittel zurück und 'halfen' Panama bei einer Revolution um die Unabhängigkeit. Das kleine Land geriet dadurch vom Regen in die Traufe und überließ den USA 'aus Dank' die Kanalzone. Um Panama und Kolumbien schön separat zu halten, gibt es noch immer keine Straße zwischen Mittel- und Südamerika...

Halbzeitpause in der Karibik

Nachdem ich nun letztendlich Kolumbiens Ruf doch meinen Tribut gezahlt habe, kann ich mich ja beruhigt von Südamerika verabschieden.

Auf der kolumbianischen Insel San Andres lege ich eine Woche Pause ein. Halbzeitpause - zeitlich wie streckenmäßig. Diese Karibikinsel eignet sich auch ideal zum Erholen, zum Verarbeiten der Erlebnisse. Früher war San Andres Unterschlupf und Hauptquartier des berüchtigten Piraten Henry Morgan. Heutzutage geht es hier friedlicher zu. San Andres ist für die Kolumbianer so etwas, wie die Bahamas für die USA oder Mallorca für die Deutschen.

Schon beim Verlassen des Flugzeugs empfängt mich karibische Hitze. Als erstes heißt es wieder: Hotel suchen. Es gibt nur ein einziges billiges Hotel auf der Insel, direkt hinter dem

Flughafen. Bei jedem Start beben die Wände, bröckelt Putz von der Decke, aber Ventilator und Dusche sind vorhanden, also bleibe ich. Zum Erholen auf Reisen gehören immer zwei wichtige Dinge: die Dusche für den Schweiß und Dreck und das Tagebuch als Beichtvater für das Erlebte.

Unter die Matratze des Bettes hätte ich vielleicht besser erst bei meiner Abreise geschaut, alles krabbelt! Naja, ich verkriech mich dann zum Schlafen mal wieder in meinen Leinenschlafsack. Nachts setze ich sowieso meine Brille ab , dann sehe ich auch keine Tiere...

San Andres, das sind Kokospalmen an endlosen, perlweißen Sandstränden, das ist Sonne und Reggae. Glasklares Wasser, Korallenriffe in allen nur erdenklichen Farben, und am Horizont scheint eine kleine Trauminsel zu schweben. Abends .coco loco., Kokosmilch mit Batida oder das kühle kolumbianische Bier (*producto bavaria* steht darauf) und wie per Dauerauftrag Postkartensonnenuntergänge.

Leider bin ich nicht der einzige Reisende hier. Auf San Andres sind momentan so viele davon, daß ich froh bin, nach fünf Tagen meine Reise fortzusetzen.

Ein unruhiger Flug mit Zwischenlandungen in Tegucigalpa und San Pedro bringt mich nach Mittelamerika, nach Guatemala-City.

Der Kondor

Symbol einer südamerikanischen Freiheit: Der verschütteten Freiheit unzähliger Indianerstämme im Amazonasbecken, in den Weiten des Chaco, in der Kordillere der Anden. Und des begrabenen Inkaimperiums, über dessen Ende Oswald Spengler schreibt:

> „DIESE KULTUR IST DAS EINZIGE BEISPIEL FÜR EINEN GEWALTSAMEN TOD. SIE VERKÜMMERTE NICHT, SIE WURDE NICHT UNTERDRÜCKT ODER GEHEMMT, SONDERN IN DER VOLLEN PRACHT IHRER ENTFALTUNG GEMORDET, ZERSTÖRT WIE EINE SONNENBLUME, DER EIN VORÜBERGEHENDER DEN KOPF ABSCHLÄGT."

Nur langsam sprießen neue Pflänzchen aus den Trümmern des Inkareiches. Halb Erben der Sonnenkönige, zur anderen Hälfte Nachfahren der europäischen Eroberer. Wielange wird es noch dauern, bis diese Pflanzen ihre neue, reine Identität gefunden haben? Wann wird die Zeit kommen, da sie erste Blüten treiben?

Liebe Leser,

Parallel zu dem Buch **AMERIKA VON UNTEN** bietet der Autor Jörg Lohmann zwei handgedruckte, signierte Lithographien im Format 30cm x 36,5cm an: *"altiplano"* und *"Marktszene"* (siehe Seite 57 und 76).

Die Auflage der beiden Originalgrafiken ist auf 50 Exemplare limitiert.

Erhältlich sind die Blätter für je 40.-DM oder 70.-DM für beide Lithographien zuzüglich Porto und Verpackungskosten.

Lieferung per Nachname oder gegen Voreinsendung eines Schecks über 44.-, bzw. 74.-DM an folgende Adresse:

Jörg Lohmann
Braunsbergerstr.13
3200 Hildesheim

Postgiroamt Hannover Ktonr.4329 70-306 BLZ 250 100 30

Reiseroute in Mittel- und Nordamerika

Maßstab: 1:47250000

Guatemala

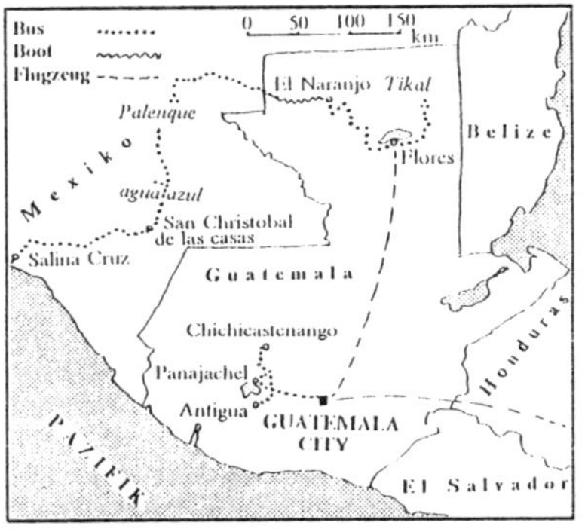

Guatemala ist der nordwestlichste der mittelamerikanischen Kleinstaaten. Das Land, etwa so groß wie die DDR, gehört zu den wirtschaftlich rückständigsten Staaten der Welt. Während drei Viertel der Guatemalteken weniger als das Existenzminimum verdienen, gehören große Teile des bebaubaren Landes einheimischen Großgrundbesitzern und nordamerikanischen Firmen. Eine Landreform unter dem sozialistischen Präsidenten J.Guzman wurde 1954 durch einen vom CIA organisierten Putsch verhindert. Seit den sechziger Jahren bekämpfen linke Guerillagruppen die von den USA unterstützte Militärregierung.

Das heutige Guatemala war einst das Kerngebiet des 'alten Reiches' der Mayas, heute beträgt der rein indianische Anteil an der Gesamtbevölkerung noch fast 50%.

Guatemaltekische Impressionen

Die erste Etappe führt mich nach Antigua, der ehemaligen Hauptstadt Guatemalas und ganz Mittelamerikas. Die Spanier gründeten es als Sitz des Vizekönigs von Neu-Spanien am Fuße dreier Vulkane, doch die Stadt (das Pompeji Amerikas) wurde mehrfach durch Vulkanausbrüche zerstört, so daß das heutige Guatemala City gegründet wurde.

Nach der erholsamen Zeit auf der Karibikinsel bedeutet Guatemala für mich wieder die Umstellung auf eine andere Mentalität. Dort die von Schwarzen geprägte Atmosphäre des *'easy living'*, hier die traditionsreiche Indiokultur der Mayanachfahren. Die farbenfrohen Trachten und ein sympathisches Lächeln auf den edlen Gesichtern beherrschen hier das Bild. Dem gemütlichen Städtchen Antigua sieht man heute noch den Glanz der Kolonialzeit an. Ein rasterförmiger Grundriß, wie bei nahezu allen von den Spaniern gegründeten Städten, dazu sehr schöne Kirchen und Paläste. Leider wurden sie 1976 zum wiederholten Male durch ein Erdbeben zum Einsturz gebracht und sind noch nicht wieder ganz restauriert.

Ich besuche 'meinen' ersten guatemaltekischen Markt und werde fast erschlagen von der Farbenpracht. Obst, Blumen und die buntesten Stoffe und Bekleidungsstücke scheinen um den schönsten Farbakkord zu wetteifern.

Die geplante Besteigung des *'fuego volcano'* fällt leider aus, als ich beim Frühstück aus dem Radio erfahre, daß der Feuervulkan in der Nacht einen Ausbruch hatte und einige Häuser auf der Rückseite des Kegelberges in den Lavamassen versunken sind. Und tatsächlich sehe ich eine fahle Rauchsäule aus seinem Krater steigen. Somit ist die Klettertour gestrichen, also mache ich mich auf den Weg nach Chichicastenango.

Das Busfahren in Guatemala ist nur mit dem in Bolivien zu vergleichen. Ein Gequetsche und Gedrängele ohnegleichen. Wenn man denkt, es seien genug Menschen, Tiere und Gepäckstücke im ächzenden Kleinbus, steigen immer noch Leute zu. Schließlich ist es im Sinne des Busfahrers, den Wagen voll zu kriegen, also fährt er auch nicht eher los, als bis jeder Zentimeter genutzt ist.

Zu jedem Bus gehört auch ein Beifahrer, dessen Beruf mindestens die Qualitäten eines Akrobaten erfordert. Vor Beginn der Fahrt ruft, ja singt er den Zielort in den unterschiedlichsten Tonvariationen, um potentielle Passagiere zu werben. Die schwersten Marktladungen hievt er in Windeseile auf das Busdach, während der Fahrer durch ruckhaftes Anfahren und wieder Stehenbleiben sowie unablässiges Hupen signalisiert, daß es jeden Moment losgeht. Wenn wirklich niemand mehr in das Fahrzeug paßt, ertnöt vom Fahrersitz ein scharfer Pfiff, der Beifahrer klettert geschwind vom Dach, läuft ein paar Schritte und springt auf den bereits fahrenden Bus.

Nun hängt er mehr draußen als drinnen und ruft weiter den Namen des Zielortes aus.

Da, ein Wink vom Straßenrand! Der Busfahrer zieht nach einem flüchtigen Blick in den Rückspiegel von der Überholspur nach rechts, ein kurzer Stop, zwei Leute steigen ein, weiter geht's. Nun nimmt der Beifahrer den Billetblock und ich frage mich, wie er in dieser Enge das Fahrtgeld kassieren will. Hangelnd, drängelnd schwimmt er durch den Mittelgang, um von jedem die Pfennigbeträge zu erhalten. Eine besondere Variante ergibt sich nun in den meisten Fällen, weil der Kartenverkäufer kein Kleingeld dabei hat. So kassiert er erstmal, ohne auf größere Beträge Wechselgeld herauszugeben und hofft, dabei genug Kleingeld zu erhalten, um im zweiten Durchgang nachträglich das Wechselgeld auszuteilen - oder auch nicht...

Jedesmal nach einem Durchgang, wenn er hinten angekommen ist, öffnet er die Hintertür und steigt aus dem fahrenden Bus! Über das Dach oder an den Seitenfenstern klettert er wieder nach vorne - das ist schneller als durch den Gang! Als letzte Aufgabe hat der Beifahrer bei jeder Bachüberquerung abzuspringen. Im Fluge holt er einen Kanister Wasser. Motorhaube öffnen, Wasser über die geplagte Maschine kippen, anfahren und wieder aufspringen ist eins.

"Die spinnen, die Guatemalteken", denke ich, als es weiter in mörderischem Tempo über die kurvige Landstraße geht und der Beifahrer ein drittes Mal durch den Bus drängelt, um die Fahrausweise zu kontrollieren und durchzureißen.

Auf dem Busticket steht der Name des Transportunternehmens: *'Transportes Esperanza'* steht dort geschrieben. *Esperanza* heißt Hoffnung - wie wahr, wie wahr!

Von Guatemalas berühmtesten Markt in Chichicastenango schwärmten mir schon in Equador Reisende vor, die in entgegengesetzter Richtung reisten. (Erfahrungsaustausch und Gespräche in Globetrotterhotels sind übrigens die wichtigsten und verläßlichsten Informationsquellen für meine 'Vor-Ort-Reise-Planung'.) Malerisch liegt der 1000-Seelen-Ort zwischen den sanften Hügeln des Quiché-Hochlands. Ein Kaff, möchte man meinen, aber an Markttagen, Donnerstag und Sonntag, füllt sich der Marktplatz schon vor Morgengrauen mit den Bauern und Händlern der umliegenden Siedlungen.

Das emsige Treiben lockt mich schon am frühen Morgen aus dem Hotel, und ich schlendere zwischen den bunten Markt- und Eßständen hindurch.

Auf der Treppe vor der schmucken kleinen Kirche blüht mir ein Blumenmeer entgegen. Die Verkäuferinnen inmitten der exotischen Pracht fallen in ihren typischen Trachten kaum auf. Das ist aber nur der Anfang. Ein Stand mit wunderhübschen Webarbeiten reiht sich an den nächsten, und ich wünschte, von jedem etwas kaufen zu können...

Ich habe mir zwar vorgenommen, für den Weiterverkauf in den USA ein paar schöne Stücke mitzunehmen, um meine Reisekasse aufzubessern, aber die Entscheidung zwischen all den bezaubernden Sachen fällt trotzdem schwer. Und das ewige Feilschen... wenn man für ein Stück ein Drittel des anfangs geforderten Preises aushandelt, hat man ungefähr den

reellen Preis gezahlt. Ich handele in einer guten halben Stunde eine Jaguarholzmaske von 20 Quetzales auf acht herunter. Kaum habe ich bezahlt, da fragt mich der etwa 14-jährige Verkäufer, ob ich nicht noch eine wolle, für sechs Quetzales...

Überhaupt sind hier schon die Kinder äußerst geschäftstüchtig. Gestern abend zeigte mir im Hotel schon die 12-jährige Tochter des Hotelbesitzers einen ganzen Schwung Kunsthandwerk. Da ich mich nicht so recht entscheiden wollte, lotste sie mich heute morgen prompt zum Geschäft ihres Onkels. Sie mußte dort sowieso ein Warenbündel hinbringen. Ich, als Mann und Kavalier, nahm ihr natürlich die Last ab, bereute es aber sofort. Mit geheuchelter Leichtigkeit schleppte ich mich und das Bündel über den Markt, vorbei an lauter grinsenden Einheimischen.

Schon von Kind auf tragen Indianer Lasten, deren Gewicht das Körpergewicht des Trägers weit überschreitet. Da tut einem schon vom Zusehen der Rücken weh, und ich bin froh, als wir endlich beim Geschäft des Onkels ankommen und ich das Bündel absetzen kann.

Um elf Uhr kommen drei Busse an. Zwei deutsche und eine französische Reisegruppe stürmen den Markt. Der Tourismus soll für Guatemala das ganz große Geschäft werden. Für Chichicastenango hat das Tourismusministerium angeblich sogar eine Verfügung erwirkt, die den

Einheimischen unter Androhung von Geldstrafen vorschreibt, in ihrer Trachtenkleidung auf den Markt zu gehen.

Ein Land verkauft sich.

Die Währung ist nach dem Vogel Quetzal benannt, als Wappentier muß er ebenfalls herhalten. Der elegante Vogel symbolisiert die Freiheit und wird bald wegen seiner schönen bunten Federn ausgerottet sein. Die bis zu 60cm langen Schwanzfedern sind ein tolles Reisesouvenier mit symbolischer Tiefe. (Bin ich jetzt schon wieder zu sarkastisch?)

Nur 40 Kilometer südlich von Chichicastenango liegt der Atitlánsee.

40 Kilometer gewundene Straßen durch die östliche Sierra Madre, die hier ein hügeliges Bergland ist. Hier und da liegen strohgedeckte Häuser inmitten von Maisfeldern und Kartoffeläckern. Manchmal sieht man einen *campesino* mit primitivstem Gerät bei der mühseligen Feldarbeit. Er ringt dem Boden das bißchen ab, das seine Familie zum Leben braucht. Was übrig bleibt, trägt er zum nächsten Markt, oft viele Kilometer weit, um ein kümmerliches Häufchen Kartoffeln oder einige Kilo Gemüse zu verkaufen. Am Wegesrand treiben zwei Kinder einen mageren Esel ins nächste Dorf, eine Alte sitzt auf einem großen Bündel und wartet auf einen Bus in der Gegenrichtung.

Und dann liegt uns plötzlich der Atitlánsee zu Füßen. 500 Meter unter uns schippern winzige Fischerboote über die windgekräuselte Oberfläche des Sees. Die Sonne spiegelt sich in dem tiefblauen Wasser, und die zwei Vulkane am gegenüberliegenden Ufer machen die Postkartenkulisse perfekt. Ihre noch aktiven Krater verstecken sich scheinheilig in einem Heiligenschein aus Wattewolken.

Ich bin nicht der erste, dem die Landschaft hier gefällt. Panajachel mit seinem schönen Strand ist die Globetrotterhochburg Guatemalas und eigentlich ganz Mittelamerikas. Hier trifft sich alles, was in Mittelamerika unterwegs ist. Umgangssprache ist bereits US-Amerikanisch, und ich finde es schon traurig, die ganzen zivilisationsmüden Freaks zu sehen. Ihr Leben spielt sich nur noch zwischen ihrem Schmuckstand am Strand und der US-Kneipe am Abend ab, und der Joint hängt immer lässig zwischen den Lippen.

Die perfekte Desillusion ist für mich, wenn der zottelige Althippi liebevoll seinen Campingbus poliert, während sich seine Lebensgefährtin oben ohne am Dorfstrand bräunt. Ohne Rücksicht auf die hiesigen Sitten.

Abends in der Disco dreht sich mir der Magen um, wie extrovertiert und stillos nach der ewiggleibhen Discoplastikmusik getanzt wird. Wie anders sind doch *Salsa, Samba* und die anderen südamerikanischen Tänze - bescheiden und charmant.

An der Theke allerdings ist mal wieder einer der Momente, wo die Welt ganz klein wird. Neben mir sitzt Nane, die in Deutschland mit mir auf dieselbe Schule gegangen ist. In der siebten Klasse war sie meine erste große Liebe, nur hatte ich mich nie getraut, ihr das zu gestehen. Das hole ich nun also mit neun Jahren Verspätung in Guatemala in einer Dorfkneipe nach... bald wundert man sich über gar nichts mehr.

Ein Nachtspaziergang am Seeufer wird zum unvergeßlichen Erlebnis - eine sternenklare Nacht, der bleiche Vollmond und im Hintergrund leiten die beiden schlafenden Vulkane über zur dunklen Stille des Wassers. Mondlichtreflexe tänzeln über den See, aber die Romantik findet ein jähes Ende, als drei besoffene Nordamerikaner aus der Disco torkeln und einen Riesenspektakel veranstalten. Damit hab´ ich definitiv die

Schnauze voll von diesen ach so coolen Aussteigern, morgen fahr ich zurück nach Guatemala City!

Guerillahinterhalt

Seit Beginn der Reise habe ich inzwischen acht Kilo abgenommen, mein Gepäck ist allerdings auf 32 Kilo angewachsen. Da jedes überflüssige Gramm auf dem Rücken dreifach zählt, widme ich einen halben Tag dem Papierkrieg im Bürokratiedschungel, um drei Pakete nach Deutschland zu schikken. Ein Parcours durch das gesamte barocke Postgebäude. Letztendlich habe ich alle Formulare ausgefüllt, den Paketinhalt zweimal kontrollieren lassen, Karton, Klebeband, Packpapier sowie eine Schnur besorgt.

"No tenemos suficiente sellos."

Die Hauptpost der Hauptstadt hat nicht genug Briefmarken, das will ich nicht wahrhaben. Morgen soll ich wiederkommen... Eine kurze Sitzblockade auf dem Schaltertresen wirkt aber wahre Wunder. Drei Seiten eines jeden Paketes werden mit hunderten von Briefmarken beklebt, dann brauche ich nur noch zu hoffen, daß die Sachen auch wirklich ankommen in Deutschland.

Die Busfahrt nach Flores soll bei schlimmsten Straßenverhältnissen bis zu 20 Stunden dauern. Angesichts der qualvollen Enge guatemaltekischer Busse (besonders bei meinen 191cm Körpergröße) erspare ich mir diese Tortur und leiste mir für 82 Quetzales, nur 60.-DM einen Flug. Ein altes brasilianisches Propellerflugzeug fliegt die Strecke.

Endlich ist es mal so weit. Auf einen Linienflug in einer Propellermaschine habe ich schon lange gewartet.

Wir fliegen unterhalb der Wolkenschicht, und so kann ich die Landschaftsmetamorphose genauestens betrachten. Das Bergland weicht den unendlichen Grünabstufungen des Regenwaldes. Bäume bis zum Horizont, ein schnurgerader rotbrauner Strich - die Straße, die braungrüne geschlängelte Linie - ein Fluß.

Das eigentliche Erlebnis des Propellerflugs sind aber die Luftlöcher, durch die die fliegende Zigarrenschachtel hüpft und das monotone Dröhnen der Motoren während des holprigen Tieffluges.

Pfeifende Ohren und einen gereizten Magen bringt mir die Aktion ein, aber was ist das schon gegenüber den Rücken- und Kopfschmerzen einer 20-Stunden-Busfahrt...

Dazu kommt wieder mal eine Umstellung von vier trockenkalten Grad Celsius in der Hauptstadt auf schwülheiße 38 Grad hier mitten im Dschungel.

Der langgestreckte See Petén Itzá breitet sich vor mir aus, und in der Mitte, auf einer kleinen Insel, liegt Flores. Ein langer Damm führt zu der Stadt, deren äußere Häuser knietief im Wasser stehen.

"Alle 40 Jahre steigt der See aus unerklärlichen Gründen um neun Meter und sinkt dann wieder", erklärt mir der Hotelbesitzer. In seinem Wohnzimmer bewegt er sich auch schon nur noch auf Stegen über das stehende Wasser.

"Zwei Meter wird es noch steigen, aber ich habe ja noch ein Stockwerk..."

Er kann mir auch eine Tagesfahrt nach Tikal, der großartigsten Mayastadt, organisieren.

Frühmorgens fahren wir, zwei US-amerikanische Studenten, eine Kanadierin, der Fahrer und ich , los. Die Strecke ist vollständig asphaltiert, die Urwaldhügel ziehen rasch an uns vorbei, zuweilen begleitet uns der Stacheldrahtzaun einer *Ha-*

zienda ein Stück.

Dann muß José, der Fahrer scharf auf die Bremse treten. In einer unübersichtlichen Kurve blockiert ein querstehender Lastwagen die Straße, an seine Seiten drücken sich Uniformierte mit Schnellfeuergewehren im Anschlag. Hinter dem Stacheldraht stehen schon eine Menge Zivilisten, von einigen bewaffneten Uniformierten in Schach gehalten.

Ich habe ein komisches Gefühl bei der Situation und frage José:

"Eine Militärsperre, was wollen die denn jetzt schon wieder? Hier gibt es viel Militär..."

"*No son soldados, son guerilleros!* " Ein Guerillahinterhalt!

Alle Bilder und Berichte laufen in Sekundenschnelle vor meinen Augen ab: Guerilla, Entführung, Mord. Mir wird heiß, meine Knie zittern.

Die undefinierte naive Sympathie, die ich im sicheren Deutschland für die linken mittelamerikanischen Guerillabewegungen empfand, ist im Handumdrehen purer Existenzangst gewichen. Die wirrsten Gedanken jagen durch meinen Kopf. Ich verstecke mein Geld und den Paß unter der Fußmatte des Autos, bevor der schwerbewaffnete Jüngling auf uns zukommt und uns mit einem Schwenk des Gewehrlaufes auffordert, auszusteigen.

"Hoffentlich lassen die uns wieder gehen!", denke ich, doch ich rechne mit allem und hebe, beängstigt und nervös bis zum Letzten, die Hände.

"Hey!", der Guerillero meint uns, "*manos abajo*, Hände runter!" Lächelnd kommt er auf uns Ausländer zu und fragt, ob wir spanisch sprechen und wo wir herkommen. Bevor die Amis ihre Herkunft verraten, antworte ich schnell:"*De Alemania.*"

Die Yanquis aus Nordamerika sind in Süd- wie Mittelameri-

ka nirgends besonders beliebt, am wenigsten wohl in dieser Situation.

Die Passagiere eines Busses und einiger ebenfalls aufgehaltenen Autos stehen im Halbkreis um einen etwa 20-jährigen Uniformierten, der dem einfachen Volk Hintergrund und Sinn der Revolution erklärt. Für uns zu spät Gekommene wiederholt er noch einmal seine Unterrichtseinheit, und erleichtert entkrampfe ich allmählich und höre mir seinen Vortrag an:

"Wir sind die FARG, die *fuerzas armadas revolutionarias de Guatemala.* Unser Kampf gilt der korrupten USA-hörigen Regierung. Hat nicht jeder, ob Indio, Mestize oder Weißer das gleiche Recht auf Arbeit, ein Dach über dem Kopf und genug zu essen? Die weißen Schmarotzer aber in der Regierung saugen mit Hilfe der USA das guatemaltekische Volk bis zum letzten Blutstropfen aus. Wir, die FARG, kämpfen für das Volk und mit dem Volk. Wir sind das Volk! Gemeinsam mit unseren Brüdern in Honduras und El Salvador werden wir jetzt endlich aufstehen und die Diktaturen dahin zurückjagen, wo sie herkommen, in die USA!"

Ich frage ihn am Schluß seiner Erklärungen, wie denn seiner Meinung nach eine Lösung aussehen könnte.

"Als erstes muß das Land verteilt, müssen die ausländischen Unternehmen verstaatlicht werden...", erklärt er, doch die Guerilleros werden immer unruhiger. Jeden Moment kann eine der zahlreichen Armeepatrouillen vorbeikommen, und was dann mit Sicherheit passieren wird, jagt mir einen gehörigen Schreck in die Knochen. Nein, das ist wirklich nicht die richtige Situation zum Diskutieren.

Schließlich bedanken sich die Männer (und eine uniformierte Frau) fürs Zuhören und verschwinden in Sekundenschnelle im Wald. Der Lastwagenfahrer rangiert sein Fahrzeug an die Seite und die Fahrt kann weitergehen.

Das Erlebte steckt mir allerdings noch tief im Leib, und meine verwurzelten Vorstellungen von Guerilleros kämpfen mit den neuen Eindrücken der sympathischen jungen Männer. Wie anders sieht doch das Bild aus, was ich mir vorher von solchen Situationen machte, bzw. was die Medien im fernen Europa vermitteln.

Ich schäme mich dafür, mein Geld und den Paß unter der Fußmatte versteckt zu haben, als ob sie das wollten..., aber in erster Linie bin ich erleichtert, verdammt erleichtert!

An der nächsten Militärsperre berichtet José von dem Zwischenfall, Aufregung breitet sich im militärischen Strohhüttenlager aus. Ein etwa 13-jähriger in Uniform rennt freudestrahlend zum Camp, um sein Gewehr zu holen. Drei Jeeps jagen den 'Terroristen' hinterher, ich hoffe, die hatten genug Vorsprung.

Wir sollen aussteigen und ins Büro kommen, um verhört zu werden. Ein diskret vom Taxifahrer überreichter Geldschein ermöglicht, wie erwartet, die Weiterfahrt.

"Sag mal, José, warum erzählst du überhaupt von den Guerilleros, wenn du dich dann von den Soldaten wieder freikaufen mußt?"

"Wenn ich den Zwischenfall verschweige, verliere ich meinen Führerschein und die Taxilizenz, und es wäre mit Sicherheit rausgekommen, die schreiben jede Autonummer auf" ,erklärt mir José.

"Und die Verhöre, so was dauert ewig."

Mit einem verächtlichen Blick in den Rückspiegel gibt er Gas, und wir erreichen bald Tikal.

Von Tikal nach Mexiko

Die Mayakultur nimmt in Amerika eine Sonderstellung unter den prähispanischen Hochkulturen ein. Während sich die Reiche der Azteken in Mexiko und der Inkas im Gebirge etablierten, beschränkt sich der Siedlungsraum der Mayas auf das Flachland, die feuchtheißen Gebiete des tropischen Regenwaldes.

Auch ihre Staatsform entsprach nicht den absoluten zentralistischen Formen der anderen Völker. Die Mayas lebten vielmehr in autonomen Stadtstaaten friedlich nebeneinander. Nicht die starke Hand eines allmächtigen Königs hielt das 'Reich' zusammen, sondern eine kulturelle und sprachliche Verwandtschaft untereinander.

Die Mayas bauten prächtige Tempelpyramiden, prunkvolle Paläste für die Priester und Observatorien für astronomische Beobachtungen. Sie erreichten in vielen Bereichen einen beachtlichen Wissensstand. So waren sie zum Beispiel die einzigen Indianer, die es zu einer Bilderschrift brachten, und tausend Jahre vor den Arabern rechneten sie bereits mit dem abstrakten Wert 'Null'. Ihr Kalender, der das Sonnenjahr in 365 Tage aufteilt (plus einen zusätzlichen Tag alle vier Jahre), ist ebenso präzise wie viele andere astronomische Berechnungen.

Ich besuche also die Ruinenstadt Tikal, eine der schönsten und größten Anlagen der 'klassischen Epoche' (300-900 n. Chr.).

Auf 15 Quadratkilometern, mitten im Regenwald, kann man von pyramidenförmigen Tempeln mit bis zu 70 Metern Höhe auf das undurchdringliche Grün blicken, das an manchen Stellen von den Spitzen anderer Tempel überragt wird.

Drei Ballspielplätze befinden sich ebenfalls auf der ausgedehnten Anlage. Das Mannschaftsspiel, bei dem der schwere Kautschukball mit Ellebogen, Knie oder Hüfte durch einen Steinring gespielt werden mußte, hatte eine sakrale Bedeutung. Die fliegende Kugel symbolisierte den Lauf der Gestirne, mit denen die Götter spielen. Zu deren Belustigung oder Besänftigung wurde die Verlierermannschaft nach dem Spiel blutig geopfert.

Nicht allein die monumentalen Bauten machen den Reiz Tikals aus, die Kulisse des Regenwaldes mit seiner Fauna und Flora rahmt die Ruinen mit ihrem eisernen Griff, aber auch mit liebkosender Umarmung ein.

Ein faszinierendes Erlebnis, von den schmalen Lehmpfaden aus die Tierwelt zu betrachten: Papageien zetern hoch oben in den Bäumen, ein Tukan fliegt über eine Lichtung, sein Kopf wird dabei vom Gewicht seines eigenen Schnabels runtergezogen. Truthähne laufen hier in Mengen frei herum und plötzlich trifft mich ein kleiner Ast am Kopf. Ich schaue mich erstaunt um, ein albernes Gegackere über mir aber verrät die Übeltäter. Drei Affen hocken dort im Geäst und werfen mit Laub und Aststückchen nach mir. Als ich sie gestikulierend ausschimpfe, ernte ich ein höhnisches Gelächter aus dem Baum. Die Affen klettern behende ein paar Astgabeln höher und werfen weiter...

So sehr mich die drei frechen Affen amüsieren, so sehr machen mir die Milliarden von Mosquitos zu schaffen. Da heißt es: Auf die Malariaprophylaxe vertrauen.

Überhaupt ist es stets ein seltsames Gefühl, mit der ursprünglichen Natur konfrontiert zu werden. Das ist nicht mehr wie zu Hause, wo außer Verkehrsunfällen eigentlich nichts passieren kann (sieht man einmal von verseuchter Umwelt und auf Dauer giftigen Lebensmitteln ab). Hier bewege ich mich meistens mit einer leichten, undefinierbaren Angst vorwärts, zuweilen stochere ich sogar bei jedem Schritt mit einem langen Zweig vor mir im Gras, um Schlangen und Skorpione zu vertreiben. Jedes unvermutete Geräusch, ein Knacken im Geäst oder Blätterrascheln jagt mir einen gehörigen Schreck ein.

Zu tief sitzen die naiv-übertriebenen Urwaldvorstellungen aus Tarzancomicheften und dem Erdkundeunterricht damals. Die Mischung ergibt eine abenteuerliche Kombination aus Piranhas, Brandrodungen und Schlangen.

Das reale Erleben ist dagegen meist ganz anders. Zuweilen kommt mir alles so unwirklich vor auf meiner Reise, wenn ich mir zum Beispiel überlege, was meine Freunde und Verwandten im fernen Deutschland wohl gerade jetzt machen. Ob das komische Gefühl die Freiheit ist?

Die Gewißheit, daß niemand, der mich kennt, sich auch nur im Entferntesten vorstellen kann, was ich genau jetzt tue. Eine tolle Sache, daß ich hier tun und lassen kann, was ich will, und niemand in Europa kann mir deswegen Vorwürfe machen oder mich auch nur, an meinem Verstand zweifelnd anschauen. Nicht, daß ich hier die verrücktesten Sachen mache, aber immerhin könnte ich - und das ist entscheidend. Manchmal komme ich auch ins Träumen und Dinge, die mir vor der Reise selbstverständlich waren, kommen mir plötzlich so absurd vor...

Aber die Travellerrealität holt mich schnell wieder ein, wenn ich mal wieder in konfuse Gedanken versunken bin. Die Zeit ist in diesem grünen Paradies vergangen wie im Fluge und ich muß mich beeilen, wenn ich den letzten Bus zurück nach Flores noch erreichen will.

Ich passiere die Stelle, wo heute morgen die Guerilleros die Straße blockiert hatten. Noch immer kreisen Militärhub-

schrauber über dem Gebiet. Mein erster Gedanke:
"Ein Glück, sie haben.s geschafft! Die Guerilleros sind entkommen."

Die wohl interessanteste Variante, um von Guatemala nach Mexiko zu gelangen, führt auf einer miserablen Straße von Flores nach El Naranjo. Dann steigt man um in einen Motoreinbaum und fährt auf dem Rio San Pedro bis zum ersten mexikanischen Dorf. Davon will ich erzählen:

Die 160 Kilometer lange Straße nach El Naranjo ist nicht geteert und besteht praktisch nur aus einer Waldschneise und einer Aneinanderreihung von Schlaglöchern.

Das Geholper ist in der typischen Enge ärger denn je. Meine Beine passen, wie so oft, nicht zwischen die engen Sitzreihen, und die heiße stickige Luft macht die Fahrt unerträglich. Im Mittelgang grunzen und quietschen aufgeregt Schweine, und als das Baby meiner Sitznachbarin geruchsintensiv in die Hose macht und rumschreit, reicht's mir. Nach dem nächsten Busstop klettere ich aufs Busdach zu meinem Rucksack und mache es mir auf einem Mehlsack bequem.

Der Fahrtwind macht die Hitze erträglich, und ich albere mit den Guatemalteken rum. Ab und zu kommen wir an den verkohlten, noch qualmenden Baumstümpfen eines verbrannten Waldstükkes vorbei.

Der Wald wird also, wie vor 1500 Jahren schon, brandgerodet. Traurig stehen die schwarzen Reste der Baumriesen auf einem Boden, der nur wenige Jahre fruchtbar sein wird, ohne seinen schützenden grünen Mantel. Dann wird ein neues Stück Regenwald vernichtet, aus purer Unwissenheit.

An einer Militärsperre müssen wieder alle aussteigen. Die Papiere werden kontrolliert, alle Männer nach Waffen abgetastet.

Als die Fahrt weitergeht, bin ich seltsamerweise der einzige auf dem Busdach, ich strecke mich aus und schlafe ein wenig, werde aber bald unsanft geweckt. Die Äste hängen inzwischen

so tief über der Straße, daß mir ein Zweig ins Gesicht peitscht und meinen dritten Hut vom Kopf fegt. Die Guatemalteken kennen die Strecke, aber ich habe damit nicht gerechnet und muß mich nun flach hinlegen, um nicht vom Busdach geschleudert zu werden.

Nach sechs Stunden Wellblechpiste für 160 Kilometer wird die Nacht in einer Baracke am rio San Pedro ein einziger Kampf gegen die Mücken und die Hitze. Warum muß Reisen so zermürbend sein?

12 Flüchtlinge aus El Salvador teilen sich am nächsten Tag mit mir die kippelige, etwa sechs Meter lange Motorbarke. Für sie ohne Mexikovisum ist diese Strecke die einzige Möglichkeit, um nach Mexiko einreisen zu können. Hier ist an der Grenzstation nur ein Militärcamp, und die Soldaten lassen sich die illegale Einreise unter der Hand teuer bezahlen.

Die politische Situation in ihrer Heimat hat die zwei Familien aus San Salvador veranlaßt, ihr gesamtes Hab und Gut im Stich zu lassen und alle Brücken hinter sich abzubrechen. Mit nur drei Kleiderbündeln und ein wenig Gespartem wollen sie versuchen, in Mexiko eine neue Existenz zu gründen. Doch Hunderttausende von Flüchtlingen aus Guatemala, Honduras und El Salvador fristen schon jahrelang in provisorischen Flüchtlingslagern ein kärgliches Leben.

Nach zwei Stunden Fahrt auf dem ruhig dahinfließenden Rio San Pedro kommen die Hütten des Militärcamps in Sicht. Eine mexikanische Flagge markiert stolz den Grenzverlauf.

Alle Pässe sowie meine Touristenkarte, die ich mir in Guatemala City besorgt hatte, werden eingesammelt, das gesamte Gepäck auf dem Boden ausgebreitet. Wie immer, halten sich die Soldaten für ungeheuer wichtig:

"La carta turistica, por favor!"

Ich erkläre ihm, daß sein Kollege das Papier schon von mir erhalten habe.

"No! ", versichert er mir, nun taucht mein Visum natürlich nirgends mehr auf...

"Ich habe die Touristenkarte ganz bestimmt abgegeben", beteuere ich, "außerdem liegt hier doch ein ganzer Stapel der Formulare rum, da kann ich doch, wenn Sie mein Visum verloren haben, ein neues ausfüllen."

"Die Formulare sind nur für Notfälle da, Sie müssen zurück nach Guatemala City!", entscheidet er definitiv und klappt das große Einreisebuch zu. Zurück in die Hauptstadt, das wäre ein Verlust von fünf Tagen, außerdem habe ich überhaupt kein guatemaltekisches Geld mehr.

Mit einer furchtbar gütigen Geste klappt der Soldat sein Einreisebuch wieder auf und sagt:

"Na gut, in diesem Falle wollen wir mal eine Ausnahme machen, das kostet eine Gebühr von 400 US-Dollars."

So eine Dreistigkeit verschlägt sogar mir die Sprache. Ich bin ja viel gewohnt von wegen 'Trinkgeld', 'kleine Aufmerksamkeit' oder so, aber diese 'Ausnahmegebühr' ist der Gipfel der Unverschämtheit.

"Sie wollen nicht bezahlen?", gleichgültig klappt er sein Buch wieder zu, "dann kann ich nichts für sie tun."

Diese unrasierten Deppen spielen sich tatsächlich auf als allmächtige Götter der Ein- und Ausreise. Fieberhaft überlege ich, wie ich ihn versöhnen kann, ohne zu viel dafür zu zahlen, da kommt mir der Zufall zu Hilfe. Ein Motorboot knattert um die Flußschleife und nähert sich langsam.

"*El Jefe !*" brüllt einer der Soldaten, alle laufen zu den Hütten, um sich ordentlich anzuziehen. Hemden werden in die Hose gesteckt, breite Gürtel über die Dickbäuche geschnallt. Ein Vorgesetzter kommt also, das ist meine Chance! Die Männer, die mich eben arrogant haben abblitzen lassen, stehen jetzt ganz brav in Reih und Glied, als das Motorboot mit dem Chef anlegt.

Ich erzähle dem Vorgesetzten von der unverschämten Forderung seiner Untergebenen und diese Geschichte scheint ihm gar nicht gut zu gefallen. (Wahrscheinlich bekommt er normalerweise die Schmiergelder.) Er macht die gesamte Mannschaft zur Schnecke und stellt mir für einen US-Dollar ein neues Visum aus.

Für mich ein Dollar zuviel, auf der Touristenkarte steht in klaren Lettern: Die Ausstellung eines mexikanischen Visums ist gebührenfrei.

Der Rio San Pedro fließt unverändert langsam durch die beeindruckende Urwaldlandschaft, aber jetzt sind wir in Mexiko. Erleichterung nicht nur bei den Flüchtlingen (die 150 Dollar Schmiergeld zahlten), sondern nach diesem Grenzspektakel auch bei mir.

Mexiko

Mexikos 2 Millionen Quadratkilometer werden bis auf die zwei Halbinseln Yucatán und Baja California von der Sierra Madre beherrscht. Ihre östliche und westliche Kordilliere verlängern die Rocky Mountains nach Süden und begrenzen das zentrale Hochland.

Hier entwickelten sich die meisten der vorkolumbianischen Kulturen, die im 16. Jahrhundert dem spanischen Ansturm unter Hernando Cortez zum Opfer fielen. Nach fast 300 Jahren grausamer Ausbeutung durch die europäischen Kolonialherren, wurde Mexiko 1821 unabhängig. Diese Unabhängigkeit aber bedeutete nur, wie in Südamerika auch, daß die spanischen Nachkommen, die *Creolen*, lieber in die eigene Tasche wirtschaften wollten, anstatt den Profit nach Europa zu schicken. Für die Indianer änderte sich herzlich wenig, so daß es im frühen 20. Jahrhundert zur mexikanischen Revolution unter Emiliano Zapata und dem 'amerikanischen Robin Hood', Pancho Villa, kam. Obwohl siegreich, wurden ihre Ideale nie verwirklicht. Die Armen blieben arm und sind es heute nach wie vor.

Seit 1929 regiert der PRI das Land. Der *'partido revolutionario institutional'* schreibt zwar die instituionalisierte Revolution auf sein Banner, (ein Paradoxon ansich), betrachtet sein großes Erbe aber anscheinend nur als Wählerstimmenreservoir. Aber was soll man erwarten, Politik ist natürlich hier, wie überall käuflich, wie ich im Kleinen ja schon an der Grenze erfahren konnte...

Mexiko, ein großes Land, ein schönes Land; reich an Bodenschätzen und trotzdem bettelarm.

Mexikos Süden

Palenque, eine weitere Tempelanlage der Maya, ist meine erste Station und eine feinmaschige Hängematte die erste Investition in Mexiko. Statt in Billighotels kann man sich hier in die strohgedeckten *'cabanas'* hängen - luftige, an allen Seiten offene Unterstände. Was für Vorteile eine Hängematte gegenüber dem Schlaf auf dem Boden hat, sollte ich bereits nach der ersten Nacht herausfinden. Nicht nur vor Schlangen ist man geschützt, wenige Meter neben meinem Schlafplatz zum Beispiel hat es sich ein Skorpion gemütlich gemacht und meine kurze Hose, die auf dem Boden lag, ist über Nacht zur Unkenntlichkeit von Ameisen zerfressen und abtransportiert worden... Da liegt man doch weicher und ruhiger einen halben Meter über dem Boden.

Während bei Palenque die Ruinen der unumstrittene Touristenmagnet sind, führt in Agua Azul die Natur wieder ihre betörende Regie. Hunderte von Tuffsteindämmen schaffen kleine Bassins, in denen sich das quirlige Wasser in den schönsten Farben bricht. Vom Perlweiß der Schaumkronen über schimmerndes Grün und tiefes Aquamarin bis zu reinstem Türkis mischen sich die Farben inmitten der wilden Urwaldlandschaft. Bei strahlendstem Sonnenschein könnte ich hier sprachlos bis zur Dämmerung die bezaubernde Atmosphäre genießen. Um 14 Uhr allerdings treffen zwei Reisebusse ein und spucken ihre Ladung in die Idylle. 80 deutsche Pauschaltouristen ergießen sich über das Gelände, das heißt, in das kleine Restaurant.

Ich sitze dort gerade ahnungslos bei einer Tequila und zähle Schürfwunden von einer Kletterpartie, da kommt ein 'Mittfünfziger' zielstrebig auf mich zu und legt ungefragt los:
"Isch bin von Monnhoim un reis hia zwaiunzwanzsch Dag in

Megsigo rum, gell.
Wie? Nä, nix schnell schnell! Wia hom gesdan ahne eschde Döpferei besischdigt un unsa Busfahra erglärt uns alls, gell. Un wia sedzn uns eschd net nua in die Gaststädde nei un dringe a Gola. 5000 Maak kost das nua, isch hab soo an Staabl Proschbeggde zu Haus, das is das billigste.
In Asien wa isch scho überall, nur Tschina un Fietnam fehln mia noch. Un jetz will isch halt auch in Ameriga afange, gell."

Das sind die Sternstunden eines Globetrotters. Da fühlt sich jeder streunende Hund plötzlich wie ein Königstiger. Man bereut keinen Mückenstich mehr, die Zecken verlieren an Schrecken und beim Gedanken an Durchfall grinst man vielwissend. Das gehört halt alles dazu...

Dann gibt es allerdings noch eine dritte Sorte, die Autotouristen. Des öfteren schaue ich neidisch auf ihre ausgebauten Campingwagen, mit denen sie viel komfortabler und unabhängiger reisen als ich. Wie oft schon haben meine Schultern den gewaltigen 'Eindruck' des Rucksacks verflucht, wie gern hätte ich mich mal einfach von Dorf zu Dorf gehangelt, was leider per Bus und zu Fuß unweigerlich zu einer schweißtreibenden Strapaze wird.

Meine Art zu reisen allerdings hat allerdings auch unbestreitbare Vorteile. Auf langen Busfahrten komme ich mit den unterschiedlichsten Menschen ins Gespräch, tauche wirklich in ein Land und seine Atmosphäre ein, ohne Vorbehalt und ohne Privatsphäre. Würde ich mit dem Auto reisen, hätte ich zum Beispiel auch kaum über den rio San Pedro nach Mexiko einreisen können... Wenn ich dann noch an den Bürokratiestreß denke, den Autofahrer an Grenzen haben, bin ich ganz zufrieden mit meinen Problemen und Freuden.

Trotzdem lasse ich mich natürlich gerne von Jean und André

mitnehmen, die schon vier Monate in ihrer Ente durch Amerika fahren und - wie ich - endlich mal wieder ans Meer wollen.

Mit der bequemen Fahrt durch den wilden Bergurwald verabschiede ich mich für diese Reise vom schwülheißen Urwaldklima, es geht wieder an den Pazifik.

Unterwegs bei einer Rast in einem kleinen Dorf ergibt es sich, daß wir eine sehr einprägsame Lektion erhalten, mit dem Inhalt:

"Wie verhält sich beim Einkaufen die Relation zwischen Sprachkenntnissen des Käufers und Preisforderung des Verkäufers."

Unabhängig voneinander gehen wir alle in einen kleinen Lebensmittelladen direkt an der staubigen Hauptstraße, als erster kaufe ich eine Packung Kekse. Dabei komme ich mit dem Händler ins Gespräch und schließlich gehe ich wieder zu den beiden anderen. Jean probiert einen der Kekse und kauft sich auch welche. Als diese dann auch alle sind, wird André losgeschickt, um Nachschub zu holen.

Er kommt aber etwas überrascht wieder:

"Meine Güte, ihr eßt ja die Luxuskekse schlechthin. 650 *pesos* für eine Packung Kekse..."

"650?", wirft Jean ein, "ich habe nur 400 gezahlt!"

Ich kann mir das Lachen nicht verkneifen:

"Wie wär's, wenn ihr mal Spanisch lernt? André, du hast bestimmt Französisch mit dem Verkäufer geredet, Jean, du sprichst ja ein paar Brocken Spanisch, da wird es schon ein bißchen billiger... Ich habe nämlich nur 175 *pesos* gezahlt."

Salina Cruz, während Mexikos Ölboom groß geworden, ist eine übelriechende Hafenstadt mit dreckigem Strand, an dem man wegen der Haie nicht einmal baden kann.

Für heute sind aber alle Busse in Richtung Acapulco ausgebucht, Jean und André fahren in eine andere Richtung weiter, wie vertreibe ich mir also den Abend? Meine unfehlbare Methode, Kontakt zu bekommen: Mit Zeichenfeder und Block bewaffnet setze ich mich in die nächstbeste Kneipe und beginne, die alten Männer an der Theke zu portraitieren. Sofort bin ich umlagert von Schaulustigen und darf zum hunderttausendsten Mal meinen Lebenslauf aufsagen. Ich bin es schon lange leid, jedesmal bei der Wahrheit zu bleiben. Viel interessanter ist doch, jedesmal eine andere Geschichte zum besten zu geben.

Ich war auf diese Weise schon Sohn eines arabischen Ölmultis, Großgrundbesitzer aus Kanada auf der Suche nach geeignetem Land für eine Kakaoplantage oder auf der Flucht vor der Schweizer Sittenpolizei. So lauschen, während ich zeichne, die Leute gebannt meinen Erzählungen und es ergeben sich die interessantesten Gesprächsthemen.

Auch auf der Straße wende ich dieses System etwas abgeändert an: Zum Beispiel in Momenten, wenn ich in eine Horde übermütiger Jugendlicher gerate, die sich anscheinend zum Zeitvertreib gemacht haben, Ausländer mit der ewiggleichen Frage nach dem Namen die Nerven zu rauben. In solchen Situationen verblüffe ich die frechen Fragesteller mit Namen wie 'Hotzenplotz' oder 'Rumpelstielzchen'. Über den Streit untereinander, ob ich nun Hoxplox oder Ruppeltieschen heiße, vergessen sie mich meistens und ich habe meine Ruhe.

Zurück in die Kneipe: wie in vielen Lokalen, regiert auch hier der *machismo*, der typisch mexikanische Männlichkeitskult. Die attraktive Bedienung, Pin-Up-Girl-Poster an den Wänden und die Männerphantasien sind das einzig Weibliche, was hier erlaubt ist. Als ich die Bar verlasse, um ins Kino zu gehen, stehen vor der Tür die geduldigen Ehefrauen wartend in der kühlen Nacht, um ihren Männern, wenn sie endlich kommen, nach Hause zu helfen.

Ich schaue mir einen Zeichentrickfilm an, doch als er zu Ende ist, bin ich der einzige, der aufsteht, um zu gehen. Das durchschnittlich 16-jährige Publikum macht keinerlei Anstalten, das Kino zu verlassen, also bleibe auch ich. Der Grund: nach dem Zeichentrickfilm wird noch ein Porno gezeigt - das ist Mexiko...

"Zipolite bei Puerto Angel, da mußte unbedingt hin, ey!"
Jeder zweite von Norden kommende Globetrotter empfahl mir den kilometerlangen Strand, die Fischgerichte in gemütlichen Strandrestaurants, die provisorische Disco und das abendliche Volleyballspielen am Strand.

Nach einigen Tagen in Pazifik oder Hängematte habe ich mein Tagebuch auf den neuesten Stand gebracht und mich wohlgegammelt. Auch beginnt mich der monotone Tagesablauf der hier versammelten verlotterten Rucksacktouristen anzuöden. Dann lieber gleich 100% Klischee: Acapulco!

Jahrelang war die mexikanische Riviera winterlicher Treffpunkt des Jet-Sets. Die Prominenz des nahen Hollywood ging in den 40-er und 50-er Jahren hier ein und aus, heutzutage ist die Stadt zum Synonym für die mexikanische Tourismusindustrie geworden. Drei Millionen Besucher zählt Acapulco jährlich, doch meine Bedenken bezüglich billiger Hotels sind unbegründet - weitab vom Schicki-Micki-Treiben an den berühmten Stränden gruppiert sich die gemütliche Innenstadt um einen schattigen *zócalo*.

In Südamerika wird der Hauptplatz einer jeden Stadt *plaza de armas*, Waffenplatz genannt. Hier in Mexiko wurde mir der Begriff *'zócalo'*, zu deutsch 'Sockel', folgendermaßen erklärt:

In den politischen Wirren des 19. Jahrhunderts erfreute sich der Präsidentensessel eines häufigen 'Besitzer'-wechsels. Und so sehr sich die einzelnen Kandidaten auch beeilten, sich selber ein Denkmal zu setzen, die meisten kamen nur bis zum Sockel... Seitdem heißen die Hauptplätze schlicht und selbstironisch *zócalo*.

Die Freizeitindustrie läuft hier in Acapulco auf Hochtouren, Spielhallen, Golfclub, Rotlichtdistrikt, alles da! Vor allem aber der Strand, wo die Touristen in der Sonne braten, wie die Hähnchen auf dem Grill.

Ich mache mir einen Spaß daraus, mit meiner kleinen Kamera (ohne Film) die Touristen ebenso skrupellos zu fotografieren, wie diese die Einheimischen ablichten. Vielleicht merken sie so einmal, wie unangenehm das ist, plötzlich auf der anderen Seite des Objektivs zu sein. Eine Zeitlang amüsiere ich mich köstlich über die empörten Reaktionen meiner 'Opfer', bis es fast daneben gegangen wäre. Als ich die Kamera auf eine Strandschönheit richte, habe ich nicht darauf geachtet, daß das Handtuch neben ihr frei ist... Und dann steht ihr 'Gorilla' hinter mir. Glücklicherweise beruhigt es den aufgebrachten Mexikaner einigermaßen, daß ich ja gar keinen Film eingelegt habe, so komme ich noch mal ohne blaues Auge davon...

Lange halte ich mich in Acapulco nicht auf, Mexiko City ist

nahe, und dort wartet Post auf mich. Seit Lima/Peru habe ich nichts von den Lieben in Deutschland gehört, da wird man schon ungeduldig.

Die größte Stadt der Welt

Um 12 Uhr besteige ich den Bus nach Mexiko City, und je näher er der überdimensionalen Hauptstadt kommt, desto besser werden die Straßen. Und dann sehe ich die größte Stadt der Welt, das heißt, eigentlich sehe ich nicht viel. Aber unter der braungrauen Smogglocke kann man doch schon erste Dimensionen erahnen.

Mexiko City, eine Stadt, deren Beschreibung aus Superlativen besteht. Vielleicht beginne ich am besten auf dem 44-stöckigen *torre latino america.* Eine Aussichtsplattform auf

dem höchsten Wolkenkratzer Lateinamerikas legt mir das Stadtzentrum wie einen Stadtplan zu Füßen.

Im Osten, am *zócalo*, kann ich die Kathedrale erkennen. Dahinter müssen die Ruinen des Aztekentempels liegen, der ehemals Tenochtitlán, die aztekische Hauptstadt, überragte. Im Norden ein unübersehbarer Brei aus Häusern, durchzogen von schwarzen Linien, auf denen ameisenhaft der Verkehr rauscht. Westlich, im Finanzzentrum der Stadt, lauter Bürotürme, von denen viele leerstehen - seit dem Erdbeben 1985 einsturzgefährdet und unbewohnbar. Im Süden schließlich verbirgt sich hinter der Dunstglocke Mexikos Hausvulkan. An Tagen mit klarer Sicht, wenn sich der Popocatépetl am Horizont abzeichnet, haben die 20 Millionen Einwohner - so sagt man - drei Wünsche frei. Aber meistens sorgen die 3 Millionen Autos und die Hälfte der Industriebetriebe ganz Mexikos für eine Luft, in die täglich so viele Schwermetalle gepustet werden, daß man sie fast schon wieder einschmelzen könnte... Und die Stadt wächst weiter. Jeden Tag um einige tausend Menschen, die hier neu beginnen wollen, jedes Jahr eine knappe Million!

Es gibt aber auch schöne Ecken hier. Zum Beispiel den Chapultepec Park, mit weitläufigen Grünanlagen, Seen und Museen mit Weltruhm (Anthropologisches Museum, Museum für Moderne Kunst, etc.). Sonntags tummelt sich hier Jung und

Alt. Fliegende Händler, Straßentheater, Musikgruppen, politische Veranstaltungen und eine Unmenge Imbißstände und Eiswagen lockern das Bild auf.

Mit Pablo, einem dieser Eisverkäufer, komme ich ins Gespräch, nachdem ich ihn eine Weile beobachtet habe.

"Wie lange stehst du eigentlich hier so am Tag?"

"Neun Stunden", antwortet er, "Samstags und Sonntags elf."

"Wird dir das nicht langweilig - ich meine, warum liest du nicht wenigstens dabei? Du kannst doch lesen, nicht?"

"Ja, aber - es ist doch schön hier, gute Luft, die Sonne scheint und -", mit verschmitztem Lächeln fährt er fort, "schau doch, wieviele kesse Mädels hier vorbeikommen... Da hab' ich doch den ganzen Tag zu gucken, was will ich mehr?"

Da hat mich die mexikanische Mentalität auch schon wieder eingeholt, eine verblüffend logische Mischung aus Anspruchslosigkeit, *machismo* und unbekümmerter Lebensfreude.

Vor der Botschaft der Vereinigten Staaten rutsche ich zufällig in eine Demonstration gegen die US-Einmischung in El Salvador, der ich mich anschließe. Nach zwei knappen politischen Vorträgen viel Musik, Tanz, eine spontane Straßenfiesta, wie kann es in Lateinamerika anders sein. Nur die schwerbewachte Botschaft hinter einem hohen Schutzzaun erinnert an den politischen Hintergrund der Aktion.

Ein Erlebnis ganz anderer Art genieße ich im *mercado* San Juan, einem Markt für Tonwaren, Lederarbeiten und alle möglichen Souveniers. Jedem Kauf geht hier ein unerbittliches Feilschen voraus. Der Dialog beschränkt sich aber keineswegs nur auf alternierende Zahlenfolgen, es wird nach allen Regeln der Kunst geschimpft, gejammert oder höhnisch gelacht. Ich muß schon sämtliche Rhetorik und Spanischkenntnisse herauskehren, um für die bestickte Tasche auf einen annehmbaren Preis zu kommen. Sobald der Preis feststeht, wandelt sich das Gesicht der Verkäuferin in Sekundenschnelle. Sie lächelt, als könne sie kein Wässerchen trüben...

Diesmal allerdings habe ich das Glück, die Rollen tauschen zu dürfen, die Mexikanerin interessiert sich für mein Portemonnaie aus Guatemala.

Nun zeige ich ihr, was ich gelernt habe und handle mühsam einen Preis von 3000 *pesos* aus. Als sie mir das Geld gegeben hat, lache ich sie triumphierend an und verrate, daß es mich nur 400 gekostet hätte. Sie scheint verblüfft, dann aber lacht sie mit und gesteht mir, daß sie mich bei der Tasche auch kräftig übers Ohr gehauen hat...

Ein Tagesausflug bringt mich nach Metepec, wo ich Adrian Gonzales besuche. Während meines Zivildienstes bei EL PUENTE, (einer 'Dritte Welt'-Organisation) lernte ich den begabten Töpfer in Deutschland kennen. Nun empfängt er mich in seiner Werkstatt, zeigt mir stolz seine neuesten Arbeiten, riesige Lebens- und Totenbäume in den buntesten Farben.

Der Tod ist nicht nur hier in Metepec zentrales Thema der zeitgenössischen Keramik. Überall im Land werden grinsende Skelette getöpfert, überall drückt sich Mexikos besonderes Verhältnis zum Tod aus. Schon zu Zeiten der Azteken galt der Tod als das glücklichste Ereignis im Leben - schließlich war den Verstorbenen die ewige Feier mit den Göttern beschieden. Problematisch war nur das Leben, es wurde vom launischen Schiksalsgott Tezcatlipoca gelenkt, der einem heute etwas schenken konnte, um morgen alles wieder zu nehmen.

So wird in Mexiko noch heute der Tod gefeiert, vor allem am *'dia de los muertos '*, dem Totentag. Auf den Gräbern der Verstorbenen werden große Familiengelage abgehalten, überall werden Skelette aus Pappmaché, Totenschädel aus grellbuntem Zuckerguß oder verzierte Schokoladensärge feilgeboten. Der Phantasie sind keine Grenzen gesetzt, keine Tabus beschränken die lustige, für Nichtmexikaner vielleicht etwas makabere Formenvielfalt.

Der mexikanische Autor Octavio Paz schrieb einmal in einem Essay:

"Der Tod ist immer bei uns, auf unseren *fiestas*, beim Glücksspiel, in unserem Liebesleben, in unserem Denken. Tod und Töten sind Gedanken, die uns selten verlassen."

Wie sehr das die Realität trifft, muß ich erfahren, als mir Adrian von einem gemeinsamen Bekannten erzählt, der vor kurzem erst von seinem Vermieter hinterrücks erschossen wurde, weil er nicht aus der Wohnung ausziehen wollte...

Nachdem ich mich noch am Töpfern eines kleinen Lebensbaumes versuche, muß ich mich auch schon wieder verabschieden, um den Nachtbus von Mexiko City nach Norden noch zu erwischen.

In letzter Minute komme ich am riesigen Busterminal an,

und sollten meine Augen bei der Abfahrt geträn̈t haben, so liegt das nicht nur an der verseuchten Luft - ich habe dieses turbulente Chaos liebgewonnen, und der Abschied fällt mir schwer.

"Das beste, was man vom Reisen nach Hause bringt, ist die heile Haut." **(persisches Sprichwort)**

Es geht weiter nach Norden, 1300 Kilometer mit kurzen Zwischenstops in Zacatecas mit seinen pittoresken rosafarbenen Häusern und Torreón, Zentrum eines ausgedehnten Baumwoll- und Weizenanbaugebietes. Stunde um Stunde die gleiche Landschaft, Baumwollfelder, im Hintergrund karge Berge. Die mächtigen Kakteenbäume ab und zu bilden die einzige Abwechslung auf der Strecke. Ich frage meinen Busnachbarn, wie weit es denn noch bis Chihuahua, meinem Zielort, sei: ..In 20 Minuten sind wir da...

Der gute Mann hätte wohl Recht gehabt, aber unser Busfahrer paßt beim Rangieren an einer Tankstelle nicht auf und scheppert gegen einen Lastwagen. Wild gestikulierend und schimpfend eilt der LKW-Fahrer herbei und besieht sich seinen Wagen von allen Seiten. Auch unser Fahrer steigt aus und läßt einen unüberhörbaren Schwall originalmexikanischer Schimpfwörter vom Stapel. Doch so sehr sich die beiden zur allgemeinen Belustigung in die Wolle kriegen, sie können nicht feststellen, welche Beulen an den beiden Schrottkarren denn nun neu sind...

So verschwinden die beiden für eine halbe Stunde in der Tankstellengaststätte auf ein Gläschen Tequila und der Vorfall ist schnell vergessen. Mit einem wilden Gehupe verabschieden

MEX '87

sich die zwei Fahrer und es geht weiter.

Seit Tagen schon habe ich Probleme mit dem linken Bein. Ein Mückenstich hat sich stark entzündet und schmerzt bei jedem Schritt. Sollte es Malaria sein? Die ganze Wade ist angeschwollen, und ein fiebriger Schüttelfrost kommt noch hinzu, aber ich traue mich hier nicht zum Arzt, also verordne ich mir zwei Tage Bettruhe in der Hoffnung, auch in diesem Falle helfe das japanische Heilpflanzenöl, mein einziges und Universalmedikament, das gegen alles mögliche helfen muß.

Mein psychischer Zustand allerdings ist nicht viel besser. Fünf Wochen lang habe ich schon kein Deutsch mehr gesprochen. Zum Briefe schreiben muß ich zuweilen gar im Wörterbuch nachschlagen, um Wörter, die mir nur in Spanisch einfallen, ins Deutsche zu übersetzen.

Auch fange ich bereits an, Selbstgespräche zu führen, ich rede mich dabei sogar mit 'Sie' an. Ich habe heute nacht zum ersten Mal auf der Reise von Deutschland geträumt. Spätestens dies ist ein deutlicher Hinweis, daß ich so schnell wie möglich weiterreisen muß, ich muß andere Globetrotter treffen, um mal wieder jemanden zum Klönen zu haben.

Ein schlimmes Zeichen: Im letzten Absatz mit drei Sätzen kommt das Wort 'ich' fünfmal vor... Vor lauter Selbstbezogenheit werde ich bald blind für Mexiko. Mein Kopf läuft über vor Eindrücken, ich sollte die Reise abbrechen. Zudem weiß ich noch nicht mal genau, ob ich überhaupt in die Staaten reinkomme. Angeblich muß man bei der Einreise einen bestimmten Geldbetrag vorweisen können und in meiner Reisekasse ist so ziemlich Ebbe.

So liege ich tagelang im Hotelbett und kann mich nicht für eine der beiden möglichen Reiserouten entscheiden: Entweder ich drehe hier um und fahre noch eine kurze Zeit in den Yucatán, um dann einen Flug über Cuba nach Europa zu

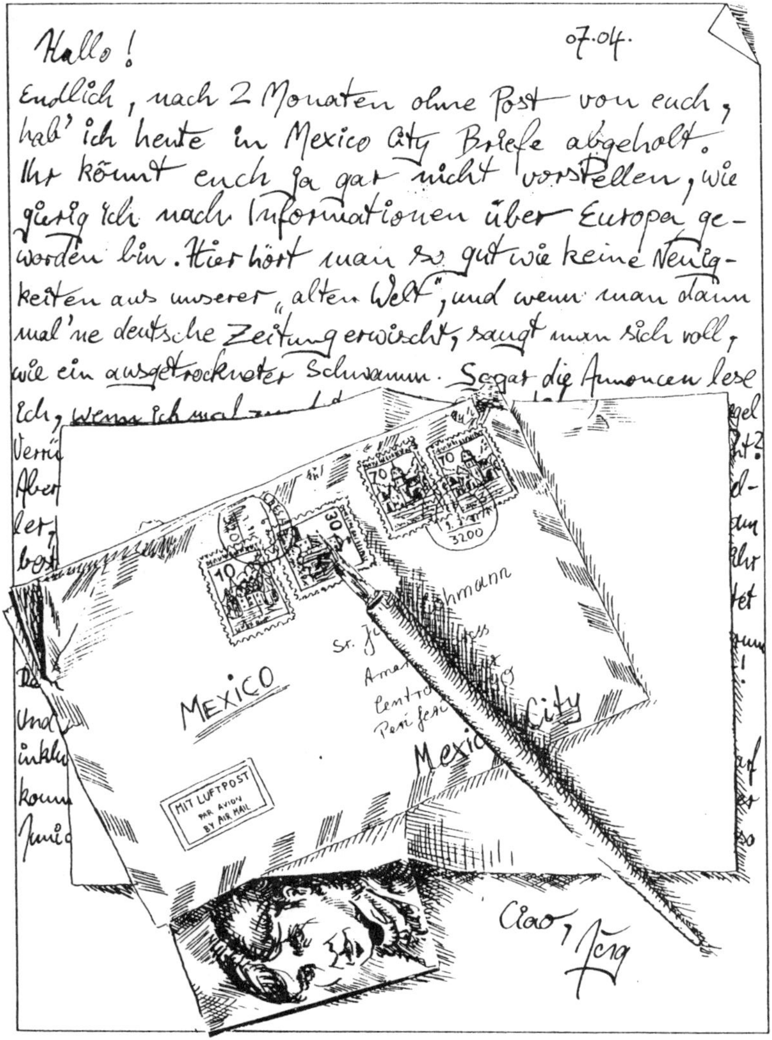

Hallo! 07.04.

Endlich, nach 2 Monaten ohne Post von euch, hab' ich heute in Mexico City Briefe abgeholt. Ihr könnt euch ja gar nicht vorstellen, wie gierig ich nach Informationen über Europa geworden bin. Hier hört man so gut wie keine Neuigkeiten aus unserer „alten Welt", und wenn man dann mal 'ne deutsche Zeitung erwischt, saugt man sich voll, wie ein ausgetrockneter Schwamm. Sogar die Annoncen lese ich, wenn ich mal ...

Ciao, Jörg

bekommen, oder ich durchquere noch die USA, um von New York einen der Billigstflüge zu nehmen. Das Risiko, das ich bei der zweiten Möglichkeit in Kauf nehmen müßte, wäre, an der US-amerikanischen Grenze wieder zurückgeschickt zu werden, weil ich nicht genug Devisen mit mir führe. Das wäre allerdings eine üble Panne, dann würde mein Geld nämlich auch nicht mehr für einen Rückflug über Cuba reichen...

Andererseits, wann komme ich schon mal wieder her, Baja California und die Zugstrecke 'Chihuahua - Los Mochis' lokken , den Karfreitag, nächste Woche, möchte ich gerne bei den Tarahumaraindianern in der Sierra Madre erleben.

Mein Heimwehteufel und der Reiseengel streiten nicht lange, ich fahre weiter! Die Droge 'Reisen' hält mich in ihrem Bann, und an der Grenze zu den USA wird es schon irgendwie klappen...

Naßgeschwitzt wache ich nach einer fürchterlichen Nacht mit wilden Fieberträumen auf, aber die Schwellung ist ein wenig zurückgegangen, und ich fühle mich etwas besser. Abends wage ich mich sogar in eine Discothek, die mir heute nachmittag in der Stadt von drei netten Mexikanerinnen empfohlen wurde.

Um 23 Uhr passiere ich den Rausschmeißer, ein Platzanweiser nimmt mir meinen Strohhut aus Acapulco ab und dirigiert mich in dem noblen Saal an einen Tisch. Sekunden später serviert man mir ungefragt das erste Bier (in einem Weinglas). Die ganze aufgesetzte Atmosphäre irritiert mich, ich fühle mich hier verdammt fehl am Platze. Eine Weile schaue ich mich etwas gelangweilt um, das scheint ein aufmerksamer Kellner gemerkt zu haben. Er führt sofort zwei, eben ohne Begleitung ankommende Mexikanerinnen an meinen Tisch - so läuft das hier also... Da die zwei wandelnden Tuschkästen mich aber ebensowenig interessieren, wie ich sie, ergeben sich keine schwerwiegenden Konsequenzen. Stattdessen schaue ich mir einen Zusammenschnitt besonders brutaler Szenen aus amerikanischen *football*-Spielen an. Sie werden auf eine riesige Leinwand über der Tanzfläche projeziert und bilden einen interessanten Kontrast zu dem öden Rumgehopse auf der Tanzfläche.

Bald bin ich das Theater aber leid, erlebe noch eine böse Überraschung bei der Rechnung und ärgere mich über diesen verplemperten Abend. Morgen werde ich weiterfahren, nach Creel, ins Zentrum der Sierra Madre.

Bei den Tarahumaraindianern

Ächzend setzt sich der Zug in Bewegung, leise fluchend rutsche ich auf dem harten Sitz hin und her, um eine bequeme Sitzposition einzunehmen, aber eine hervorstehende Polsterfeder macht mein Bemühen von vornherein aussichtslos.

Ich richte meine Aufmerksamkeit also lieber auf die Landschaft hinter dem verschmierten Fenster. Chihuahua verschwindet langsam in der Ferne. Der Zug taucht ein in eine Wüste, die im Vordergrund von vertrockneten Büschen unterbrochen wird und deren Hintergrund skurrile Felsformationen aufweist.

"Jetzt müßte nur noch John Wayne dahergeritten kommen, oder Apachen einen Treck überfallen", schießt es mir durch den Kopf. Zu offenkundig wirkt die Gegend wie eine Filmlandschaft, doch auch im Zug selber ist man vor Klischeevorstellungen keineswegs sicher...

Zunehmend lasse ich mich gefangennehmen von der Wild-West-Stimmung, die die Mexikaner in hochhackigen Cowboystiefeln und dem anscheinend obligatorischen breitkrempigen

Hut ausstrahlen.

Mir gegenüber sitzt schlaff ein alter Mann, den Hut tief ins Gesicht gezogen. Sein schnarchender Atem riecht stark nach einer langen Nacht mit viel Tequila, und der Kopf nickt leicht im vorgegebenen Takt der Eisenbahnschwellen.

Inzwischen steht die Sonne höher, der Zug kommt an einem kleinen Bahnhof zum Stehen und ich glaube meinen Augen nicht zu trauen. Da stehen doch tatsächlich zwei blonde Mädchen in alten niederländischen Trachten und winken. Überhaupt wirkt alles eine Spur europäischer hier. Ein Mitreisender klärt mich auf:
"Das sind die Mennoniten, die sind seit ungefähr 80 Jahren hier."
Eine europäische Glaubensrichtung, deren Anhänger über Rußland und Kanada bis nach Mexiko kamen, lese ich mich im Reiseführer schlau.

Der Zug setzt sich jedoch wieder in Bewegung, bevor ich mich entschließen kann, auszusteigen. Mein Gegenüber wacht kurz auf, nickt aber bald wieder ein.

Als der Zug eine Schlucht überquert, bin ich überrascht, wie unmerklich sich die Landschaft geändert hat. Inzwischen ist die weite Ebene einer Berglandschaft mit schroffen Felswänden gewichen, die ein schmales Rinnsal in viel zu großem Flußbett und kleine Wälder einschließt. Rinder weiden hier und da, und zuweilen weist eine schmale Rauchsäule auf ein Gehöft am Waldrand. Wir sind inzwischen auf 2300 Meter Höhe und nähern uns der Wasserscheide zwischen Atlantik und Pazifik, die bereits im Gebiet der Tarahumaraindianer liegt.

Kinder, die durch den Gang laufen, werden ermahnt, sitzenzubleiben, ein Händler ordnet die Gänsehälse, die schnatternd aus einem engen Käfig herausgucken, überall werden die Bündel zusammengesucht und geschultert; Creel scheint nicht mehr fern zu sein.

Mit drei scharfen Pfiffen begrüßt die Lokomotive den kleinen Ort, wo wir Ankommenden am Bahnsteig erwartungsvoll gemustert werden. Ich bin in Creel, dem Berührungspunkt, der Nahtstelle des modernen Mexiko mit einem der letzten noch ursprünglich lebenden Völker, den Tarahumara. Als Tourist bin ich, wie immer, sofort umringt von kleinen Jungen, die mich alle in das .beste und billigste. Hotel führen wollen. Ich entscheide mich für eines, was sich schließlich als Privatpension entpuppt, wo ich auf einem Sofa im Flur schlafen soll. Aber Senor Ramirez, der Besitzer des Hauses, ein Mestize, ist recht nett, so bleibe ich.

Außerdem sind hier auch schon etliche Globetrotter einquartiert. Ich treffe Susan wieder, die ich aus Guatemala kenne, und zwei Medizinstudentinnen aus Hamburg haben in ihrer reichhaltigen Reiseapotheke genau die richtige Salbe für mein Bein. Das tut gut, mal wieder deutsch zu schnacken!

In der Mittagshitze noch, nach einem spärlichen Mahl (bestehend aus *tortillas* und schwarzen Bohnen, dem täglichen Essen der armen Bevölkerung Mexikos), mache ich mich mit den Hamburgerinnen auf den Weg, die Gegend zu erforschen. Lange, staubige Straßen und ganz selten, weit ab, einzelne Gehöfte. Kommt man näher, bellt ein Hund, aber alles wirkt

wie ausgestorben. Keine Menschenseele läßt sich blicken. Nicht wie sonst, wo jeder Tourist zumindest von den Kindern stürmisch und lautstark begrüßt wird. Hier scheinen sich die Einheimischen scheu zu verstecken.

Wir machen uns wieder auf den langen Rückweg, und von weitem sieht man sie schon, den alten Tarahumara und sein Pferd. Es trottet durch die Hitze, eine weite Staubfahne hinter sich herziehend. Der Indianer sitzt schlaff im Sattel, an dessen beiden Steiten je ein Kasten mit Flaschen befestigt ist, die rhythmisch an den Pferdekörper schlagen. Bogen und Pfeilköcher hängen über seiner Schulter, er schaut zu Boden, als er an uns vorbeireitet. Bemerkt haben muß er uns doch, ist das jetzt Hochmut, Scheuheit oder lediglich Desinteresse? Warum sieht er uns nicht an?

Als die eindrucksvolle Gestalt langsam in der eigenen Staubwolke verschwindet, ist das Klirren der verstaubten Coca Cola-Flaschen noch lange zu hören.

Wir kommen an einem See vorbei, den ich versuche, mir tief verschneit vorzustellen. Es muß wunderhübsch hier sein, im Winter, wenn die Temperaturen unter den Gefrierpunkt sakken. Jetzt aber haben wir April und die Sonne steht hoch am Himmel. Creel kommt wieder in Sicht, und aus dem Dorf zieht ein monotones, anklagendes Trommeln über die Hügel; heute ist Gründonnerstag.

Wie in Trance laufen etwa 20 Männer mit weißbemaltem Gesicht schleppenden Schrittes vor der Dorfkirche auf und ab und schlagen dabei auf große, verzierte Trommeln. Bis spät in die Nacht ertönen diese durchdringenden Klänge, und man kann sich einer nervösen Erwartung des nächsten Tages, Karfreitag, nicht erwehren.

Vor Tagesanbruch soll es morgen losgehen. Senor Ramirez will mit seinem Lastwagen in die Sierra Madre, Holz holen, und wir dürfen auf der Ladefläche bis zu einer Tarahumarasiedlung mitfahren.

Noch Verschlafen geht es los, aber das Rütteln auf den Waschbrettpisten weckt einen gründlichst auf. Etwa zwei Stunden fahren wir durch die unwegsame Gegend, die bis zum heutigen Tage noch nicht vollständig erschlossen ist. Wir überholen einen Tarahumaraindianer, Senor Ramirez hält den Wagen an und fragt, ob der Mann mitfahren möchte. Doch dieser lehnt nur stolz ab, er geht lieber zu Fuß, als mit einem Mestizen mitzufahren... Dann erreichen wir das 'Dorf', vier Häuser und eine Kirche.

Es sind kaum Menschen da, ob wir hier richtig sind? Aus der Kirche dringt der Klang einer einzigen Trommel, und nach einer Weile tönt das Geräusch wie ein gewaltiges Echo von allen Bergen ringsum wieder. Erst jetzt sehe ich überall an den steilen Hängen Indianer, die trommelnd aus allen Himmelsrichtungen kommen. Der Platz füllt sich nach und nach, die Tarahumaraindianer formieren zwei Gruppen , die Schaukämpfe vorführen und trommelnd in Gegenrichtung um die Kirche ziehen.

Ich versuche, bei dieser Zeremonie Bezüge zum christlichen Anlaß, Ostern, zu finden, aber als mir bewußt wird, daß in Mitteleuropa sogar allen Ernstes Ostereier gesucht werden, breche ich den Versuch ab. Hin und wieder nippen die Tarahumaras an Flaschen, die Stimmung wird zusehends lockerer. Ich muß daran denken, daß Carlos Castanedas Don Juan ein Tarahumara war und werde die unbestimmte Vermutung nicht los, daß die Mehrzahl der Indianer heute unter der Wirkung halluzinogener Drogen steht.

Zum Beispiel der junge Mann, der seit geraumer Zeit barfuß auf dem spitzsteinigen Untergrund tanzt oder die zahnlose Alte, die bestimmt schon fünf Minuten grundlos in den höchsten Tönen lacht...

Meine Beobachtungen werden jäh unterbrochen durch eine Lastwagenhupe. Senor Ramirez ist da, um uns abzuholen. Wir klettern also wieder auf die Ladefläche und holpern los. In Sekundenschnelle schiebt sich eine Staubwolke zwischen die Feier und uns, und wir kehren zurück in unsere so andere Welt.

Wüstenromantik

Die zweite Hälfte der Eisenbahnstrecke durch die westliche Kordilliere ist ein spektakuläres Ereignis. Über 30 Brücken, durch 45 Tunnel führen die Gleise, und es bietet sich alle Augenblicke ein immer neues Panorama über die wilde Berglandschaft. Kleine Flußläufe haben sich in Jahrtausenden zu tiefen Schluchten ins Gestein gefressen. Der *Canyon del cobre*, weit größer als der Grand Canyon in den USA, ist ohne Zweifel der Höhepunkt dieser Zugstrecke. Auf einer Höhe mit den kargen Bergspitzen blickt man in die unermeßliche Tiefe, und während hier oben lediglich geduckte Bäume und Büsche dem scharfen Wind und dem kalten Winter trotzen, herrscht tief unten in der Schlucht tropisches Klima. Orangen- und Bananenbäume gedeihen dort, Pumas und Papageien bevölkern die fruchtbaren Wälder in der Tiefe. Und über der ganzen Szenerie ziehen Adler majestätisch ihre eleganten Kreise.

Spät am Abend rollt der Zug in Los Mochis, einer unbedeutenden Kleinstadt, ein. So schnell wie möglich fahre ich weiter nach Guaymas, um die Fähre am Dienstag noch zu erwischen. Auch hier nichts Erwähnenswertes, außer vielleicht, daß man schon seit längerem genauestens an den Preisen für alles mögliche erkennen kann, wie dicht man den USA ist. Hotels kosten doppelt bis dreifach soviel, wie in Südmexiko und ich werde fast nur noch auf englisch angeredet. Auch meine übliche Feststellung, ich sei Deutscher und spräche sehr gut und gerne Spanisch, fruchtet nicht. Manchmal werde ich sogar gleich im Anschluß gefragt, aus welchem amerikanischen Staat ich denn komme.

Das Wunderland im Norden scheint jegliches Denken und Handeln in Nordmexiko zu bestimmen. Kaum einer, der keine Verwandten in Tucson, Phoenix oder Albuquerque hat. Viele, die schon beim Versuch, nachts die Grenze zu überqueren, erwischt worden sind.

Die Blicke sind auf die Vereinigten Staaten gerichtet - und das, obwohl die zwei Staaten, außer einer 2800 Kilometer langen Grenze, nichts gemeinsam haben.

Mexiko ist ein Land der Vergangenheit - Tradition und Geschichte bestimmen das Leben. Die USA dagegen leben in der Zukunft und sobald diese Gegenwart zu werden droht, gilt die vollste Aufmerksamkeit bereits dem nächsten Projekt. Mexiko ist geprägt vom Absolutismus der Azteken und der katholischen Kirche. Dem steht ein überwiegend protestantisches Volk gegenüber, das von Anfang an demokratisch und dezentral regiert wurde.

Dazwischen liegt eine Grenze, die die 'Erste Welt' von der 'Dritten Welt' trennt, Fortschrittsdenken von Traditionsbewußtsein, Reich von Arm, die Aufzählung ließe sich fortsetzen...

Meine Gedanken sind mir ein wenig vorausgeeilt, noch ist es nicht so weit. Eben legt die Fähre nach zehnstündiger Fahrt in Santa Rosalia, auf der mexikanischen Halbinsel Baja California an. Und von hier aus sind es noch etwa 800 Kilometer bis zur Grenze bei Tijuana.

Das ewige Busfahren bin ich inzwischen leid, so stelle ich mich an die gut ausgebaute Fernstraße und hebe endlich mal wieder den alten Tramperdaumen in die heiße Luft. Nach kaum fünf Minuten hält ein rostiger Datsun Pickup, ich pakke schnell den Rucksack und laufe zur Beifahrertür.

"Kann ich ein Stückchen mitfahren?"

"Wo willst du denn hin?"

"Irgendwo, mal sehen,bis wohin fahren Sie denn?"

Knapp antwortet der alte Mann:

"Santa Barbara!"

Ich falte rasch meine Mexikokarte aus, "Wo liegt das denn, ich finde es nicht."

"90 Meilen hinter Los Angeles, steig schon ein!"

Das lasse ich mir nicht zweimal sagen, 1400 Kilometer an einem Stück, so ein Glück hatte ich noch nie beim Trampen.

Wir verlassen Santa Rosalia, das kleine verrostete Industriestädtchen, ein paar triste Hütten wirken wie ein melancholischer Abschiedsgruß, dann herrscht wieder das Monopol der Wüstenfarben.

Die helle Ebene des beigen Sandes wird von der flimmernden Asphaltstraße durchschnitten und das dunkle Rotbraun der Berge kontrastiert zum wolkenlosen blauen Himmel.

Etwa 6000 Kakteenarten gibt es auf der Welt - und zwei Drittel davon auch in Mexiko. Einige von ihnen werden als Gemüse gegessen, andere bergen rauscherweckende Substanzen; viele Kakteen tragen wohlschmeckende Früchte, und aus der Agave wird *pulque* gewonnen, ein alkoholisches Getränk, das auf jeder *fiesta* Stammgast ist. In Deutschland werden zierliche Kakteen in Blumentöpfen gehegt und gepflegt, hier stehen sie meterhoch und in regelrechten Wäldern zu beiden Seiten der Straße. Die Augen aber sind schon bald dankbar für jede Abwechslung, ein Hinweisschild etwa oder ein Autowrack.

Alfredo ist Künstler in Santa Barbara, doch sein Herz schlägt in Mexiko, dem Land seiner Eltern, so kommt er jedes Jahr zum Überwintern hierher. Auch er sei früher durch die ganze Welt getrampt, erzählt er nebenbei. Wir unterhalten uns über Gott und die Welt, Zeit und Kilometer vergehen wie im Fluge. Ich lege mich eine Weile auf die Ladefläche, dann schläft Alfredo ein Stündchen, während ich den Wagen nach Norden lenke.

Kurz vor Einbrechen der Dunkelheit biegen wir von der Straße ab und folgen dem parallel laufenden alten Postkutschenweg ein Stück. Neben einem ausgetrockneten Flußbett schlagen wir unser Nachtlager auf und entfachen ein Lagerfeuer, um ein paar Bananen zu braten. Alfredo beginnt, von Dornenbüschen vertrocknete Zweige abzubrechen und legt damit einen Kreis um den Schlafplatz. Verwundert schaue ich

eine Weile zu, dann frage ich, weshalb er das tue.
"Die Dornen werden heute nacht dafür sorgen, daß wir keinen Besuch von Schlangen bekommen... ich habe nämlich vorhin die typischen Spuren im Sand gesehen, aber keine Angst, Schlangen klettern nicht über Dornen."
Gegen Mücken hilft das leider nicht, ich frage mich, wo diese Biester hier in der Wüste plötzlich herkommen.

Die Sonne ist längst glutrot hinter den Bergen verschwunden, wir sitzen am flackernden Lagerfeuer und ich lausche den Geschichten Alfredos. Bei den Erzählungen von seinen wochenlangen Wüstenwanderungen mit Maultier und Wasserflasche fühle ich mich bald in eine vergangen geglaubte Zeit versetzt. Als das wärmende Feuer spät in der Nacht verglimmt, legen wir uns endlich hin und genießen das fahle Mondlicht und den sternenübersäten Himmel.

Warum muß die Romantik immer so verdammt ungemütlich enden? Wüstennächte sind kalte Nächte - gut, einverstanden - aber soo kalt... Ich entfache, als die Morgendämmerung endlich beginnt, als allererstes unser Lagerfeuer von gestern, um meine steifen Gelenke aufzutauen. Um fünf Uhr geht die Sonne dann richtig auf, es wird ziemlich schnell warm, und wir machen uns wieder auf den Weg. 350 Kilometer sind es noch bis zur Grenze.

Inzwischen mischen sich zwischen die Kakteen vermehrt Büschelgräser und kleine Büsche in der steinigen Hügellandschaft. Wir erreichen den Pazifik, das Land wird immer grüner.

In der Wüste lernt man verstehen, warum Grün die Farbe der Hoffnung ist.

Felder reihen sich an Felder, die Besiedlung wird dichter, und schließlich erreichen wir Tijuana, die mexikanische Grenzstadt. Tijuana ist eine Agglomeration von Souveniershops, Bars, Diskotheken und Bordellen für die Nordamerikaner, die sich mal billig ein paar Tage austoben wollen. In 12 Spuren wälzt sich langsam die Autolawine auf die Grenzhäuschen zu, ein letztes Mal werden wir umringt von den aufdringlichen Straßenverkäufern. Hier verkaufen sie nur Kitsch, aber ich werde sie vermissen.

Mein Visum sei abgelaufen, klärt mich die Zollbeamtin lächelnd auf. Sie kann es mir verlängern, fragt aber:
"How much money you've got?"
Vor dieser Frage habe ich schon wochenlang Angst,
"Two thousand!", übertreibe ich. Mein einziger Gedanke dabei:
"Hoffentlich will sie das Geld nicht nachzählen..."
Sie will nicht, der Stempel knallt in meinen Paß und ich bin in den USA.

USA

Nur ganz kurz: die führende politische, militärische und wirtschaftliche Macht der westlichen Welt besteht aus 50 Staaten und umfaßt ein Gebiet von 9363000 Quadratkilometern. Die 250 Millionen Einwohner (83% Weiße, 12% Schwarze, Asiaten und Indianer) teilen sich ein Land mit einer denkbar günstigen Landesnatur. Hinter dem Obstgarten der USA, der Westküste, erheben sich die bis zu 4400 Meter hohen Rocky Mountains. Der Midwest, die großen Ebenen des Mississippi-Missouri Tieflandes, sind mit ihrem fruchtbaren Boden die Kornkammer der Vereinigten Staaten. Im Osten schließen der Gebirgszug der Appalachen (bis zu 2000 Meter) und die ihm vorgelagerte Küstenebene das Territorium ab. Dazu kommen noch Hawaii und das bodenschatzreiche Alaska.

Das Städteband an der Ostküste von Boston bis Washington (Boswash genannt), die Westküste und das Industriezentrum an den großen Seen bilden die Bevölkerungsschwerpunkte in den USA.

Doch genug Fakten, schauen wir doch einfach mal rein in das Land von Coca Cola und Mickey Mouse, von Martin Luther King und Ronald Reagan.

Der 'american dream'

Ich steige wieder zu Alfredo in den Wagen, wir lassen die Grenze hinter uns und finden uns bald auf der zehnspurigen Autobahn wieder.

Zunächst schaue ich mir alles etwas scheu an und kann den ganzen Luxus nach einigen Monaten Lateinamerika kaum fassen. Jeden Amerikaner, der mit verspiegelter Sonnenbrille hinter seinem Sportwagenlenkrad sitzt, begutachte ich kritisch, als könne er mit dem gesamten *'american dream'* plötzlich zerplatzen. Die Slums von Lima, die bettelnden Kinder in Bolivien, die Erdbebenbaracken in Mexiko City kommen mir wieder vor Augen, und ich kann diese absurde Grenze nicht begreifen.

Schon jetzt am ersten Tag in den Vereinigten Staaten wird mir die ungeheure Diskrepanz zwischen den USA und Lateinamerika deutlich, die sich durch ausnahmslos alle Lebensbereiche zieht. Ein seltsames Gefühl befällt mich angesichts des offenkundigen Luxus auf dieser Seite der Grenze im Gegensatz zum Hunger auf der anderen Seite - einfachem brutalen Hunger. Und dieses flaue Gefühl wird mich durch die gesamten USA begleiten. Es lauert ständig in irgendwelchen Gehirnwindungen und bricht immer wieder unvermutet als schlechtes Gewissen angesichts dieser Wegwerfgesellschaft hervor.

Aber der Reihe nach; ich bin erst eine knappe Stunde im Land und erwische mich noch des Öfteren dabei, wie ich durch die Autofenster Durchschnittsamerikaner fast schon mit Bewunderung betrachte. So tapse ich hier also durch die Glitzerwelt von Nobelkarossen und fühle mich erschlagen von Klischees. Haben also die Filmindustrie, Werbung und Politik mich schon so geblendet und entmündigt, daß ich jeden hier angucke und neidisch denke:
"Du bist also auch einer dieser kalifornischen Supermänner."
Vielleicht sollte man in Deutschland zur Pflicht machen, mal in die Staaten zu fahren, um das Bild des 'großen Bruders' zu entzaubern, der uns über den Atlantik zuzwinkert und die Glasperlen der ersten Siedler tausendfach zurücktauscht. In Form von verfilmten Träumen, Pershings und Mc Donalds Junkfood.

Als der Verkehr stockt, und wir, Stoßstange an Stoßstange, auf L.A. zurollen, komme ich langsam wieder auf den Boden der Tatsachen zurück und sehe wieder alles mit den Augen der Realität.

Um nicht in den Feierabendverkehr von Los Angeles zu geraten, hält Alfredo an einem Fastfoodrestaurant, und ich trauere jetzt schon den *tamales*, *empanadas* und *tacos* der leckeren mexikanischen Küche nach. Ab jetzt beherrschen Burger King, Pizza Hut und Kentucky Fried Chicken die kulinarische Szene. Es dauert nicht lange, und auch ich kenne die amerikanischen Speisekarten und die Preise auswendig. Vor Betreten eines Restaurants dieser Fastfood-Ketten weiß man schon, was einen erwartet. Die ewiggleiche Inneneinrichtung, die gleichen Tabletts, Hamburger und Hot-Dogs mit den gleichen Farbstoffen und Konservierungsmitteln und das uniforme Lächeln der Bedienung.

Essen ohne Überraschungen, Leben aus der Konserve?

Ich entscheide mich für einen Cheeseburger, als ich aber endlich dran bin, rutscht mir die Bestellung in Spanisch raus. Damit ernte ich ein breites Grinsen des jungen Typen hinter der Kasse und eine Extraportion Ketchup. Er ist ein *Chicano*, einer der 7 Millionen mexikanischen Einwanderer und kommt aus Chihuahua...

Eigentlich wollte ich nur bis L.A. mitfahren, aber schon bald habe ich meine Entscheidung geändert. Das

Lichtermeer zieht sich in der Dunkelheit von einem Horizont bis zum anderen. Los Angeles, die flächenmäßig größte Stadt der Welt - und ich zu Fuß an ihrem Rand... Ich müßte schon masochistisch veranlagt sein, würde ich hier aussteigen. Auch mein Reiseführer meint zu dem Thema L.A.:

"Bist du noch nicht im Besitz eines Autos, so kauf es jetzt oder nie."

Da sitze ich doch lieber in Alfredos Datsun, zuckel auf dem freeway 101 in Richtung San Francisco und bestaune stellvertretend die Autobahnhinweisschilder.

Ausfahrt Anaheim - da liegt Disneyland, das mich schon als sechsjähriger bei meinem ersten Besuch der Vereinigten Staaten besonders fasziniert hat. Long Beach, links abbiegen, Santa Monica, Beverly Hills... Auf der rechten Seite kündigt auf einem Hügel der Name 'Hollywood' in Riesenleuchtlettern die unsterbliche Legende an - die Bürotürme von 20th Century Fox und Hollywood Bowl huschen vorbei - hier also liegen die Traumfabriken von Generationen...

Der Verkehr lichtet sich, wir sind durch. Alfredo atmet erleichtert auf:

"Geschafft! Oh, wie ich dieses Ungeheuer von einer Stadt hasse!"

Ich glaube Alfredo, ohne die Stadt überhaupt gesehen zu haben. Schon mehrmals fielen mir an den überholenden Autos Aufkleber auf, die besagten: L.A. - Liebe es oder laß es! Ich verzichte in diesem Fall darauf, mir eine eigene Meinung zu machen und akzeptiere vorbehaltlos zweiteres.

70 Meilen noch, eineinhalb Stunden und wir kommen in Santa Barbara an, Alfredo lädt mich in sein Haus ein. Es liegt in den nahen Bergen. Ich bleibe ein paar Tage und genieße das erfrischende Frühlingswetter, die heiße Dusche und die smarteste Stadt der USA. (Ronald Reagan kommt aus Santa Barbara.)

Eine Bauvorschrift limitiert bei Neubauten die Anzahl der Stockwerke, um das bezaubernde Stadtbild nicht in Frage zu stellen. Die Stadt ist sauber, hübsch, glatt - aalglatt. Und das ist es, was in mir Beklemmungen hervorruft. Hier fehlen Kontraste! Jeder Vorgarten, jedes Straßencafe ist so widerspruchslos reizend, daß ich nach zwei Tagen mit bester Laune und erhobenem Tramperdaumen wieder an der Straße stehe.

San Francisco

Ich habe eine Deutschlandflagge genäht, wie mir ein Amerikaner riet, den ich in Peru traf, und sie mir an den Rucksack geheftet, aber das scheint nicht zu helfen. Drei Stunden stehe ich am Ortsausgang, und tausende von unendlich nett lächelnden Amerikanern rauschen an mir vorbei. Dann - endlich - tritt ein Fordfahrer gnädigerweise in die Bremsen.

"Vergiß es, hier kannste nich trampen!", begrüßt mich Michael aus Braunschweig, der ein Auslandssemester in Santa Barbara absolviert. Ich bleibe stur, lasse mich zwar auf einen Kaffee einladen, stehe dann aber wieder an einer Autobahnauffahrt. Ein Schild habe ich auch vorbereitet. RIO - NEW YORK steht darauf. Keiner hält! Nach einer Weile drehe ich es um und schreibe auf die Rückseite: San Francisco, Please. Hilft nichts! So dreist ich mich auch auf die Fahrbahn stelle, alle lächeln nur und das macht mich rasend. Ein neues Schild muß her! '18 miles' schreibe ich resignierend darauf, da ist der nächste Autobahnrastplatz...

Eine Stunde später habe ich genug und gehe auf die andere Straßenseite, wo ein Gebrauchtwagenhändler schon lange meine Ausdauer untergräbt. Es ist aber kein Wagen für meinen Geldbeutel dabei. Also rufe ich verschiedene Autoverleihe an.

Aber wie hinkommen, Busse gibt es hier nicht! Also wieder an die Auffahrt, genervt und mit leerem Magen. Ein paar Kurzstreckenlifts bringen mich dann tatsächlich die 18 Meilen weit. An der Raststätte kann ich die Leute wenigstens direkt ansprechen und nach weiteren zwei Stunden finde ich jemanden, mit dem ich die hundert Meilen bis San Luis Obispo fahren kann.

"Heute ist nicht der beste Tag, um zu trampen!", erklärt er. "Gestern wurde ein Verbrecher aus dem Gefängnis entlassen, der acht Tramper ermordet hat. Das kommt seit einer Woche überall im Fernsehen, da nimmt niemand mehr Tramper mit. Das ist sowieso out, jeder hat hier ein Auto! Wer keins hat, ist entweder ein Verrückter, ein Krimineller oder sonst ein Landstreicher."

Sowas in der Richtung hatte ich schon befürchtet:

"Aber das muß doch mal anders gewesen sein, ich meine, so zur Hippiezeit, da war das doch in, nicht?", wende ich zaghaft ein.

"Ja, sicher, bis vor etwa zehn Jahren ging das wohl, aber die Zeiten sind vorbei. Besorg dir einen Wagen oder fahr Greyhound."

Nach einer kalten Nacht in einem Kornfeld neben der Straße versuche ich morgens noch mal mein Glück und gebe nach 90 vergeblichen Minuten auf. Damit wäre das Kapitel 'Trampen in den USA' wohl abgeschlossen! Meine Deutschlandflagge übrigens erwies sich als totale Pleite. Keiner, außer dem deutschen Studenten, konnte mir meine Frage beantworten, was das überhaupt sei. Doch auch ich wurde in den fremden Autos über Europa ausgefragt. Etwa, ob der Krieg inzwischen zu Ende wäre, ob es in Germany Kühlschränke und Microwelle gibt und wie es in Deutschland eigentlich aussieht (Wüste, Urwald, Gebirge?).

Nun gut, jetzt muß es also mit öffentlichen Verkehrsmitteln weitergehen...

Um 16 Uhr komme ich an der Greyhound Bus Station in San Francisco an. 30 Dollar für 200 Meilen, in Südamerika hätte die Strecke höchstens zwei Dollar gekostet. So werde ich mit meinem Geld nicht weit kommen.

San Francisco aber ist eine der wenigen Städte, die man auch ohne Auto besichtigen kann. Es gibt ein gut ausgebautes Busnetz, Fähren über die Bay, eine U-Bahn und natürlich die berühmten Cable Cars, die, von Stahltrossen gezogen, die steilen Hügel des Zentrums hochkriechen.

Für eine knappe Woche schlüpfe ich in die Haut eines Städtetouristen - und 'Frisco' kann echt allerhand bieten. Zunächst wäre da das Wahrzeichen der Stadt, Golden Gate Bridge, die berühmteste Hängebrücke der Welt. Ihre beiden Masten reichen bis in den Nebel, der zuweilen vom Pazifik in die Bucht eindringt. Direkt dahinter liegt Sausalito, der ehemalige Walfanghafen. Heutzutage ankern dort unzählige Hausboote. Keines gleicht dem anderen, doch sie haben alle gemeinsam, mit viel Liebe und Phantasie Stück für Stück, nach und nach zusammengezimmert worden zu sein. Nicht weit davon entfernt erhebt sich dunkel und schweigend der Muir Wood mit seinen 80 Meter hohen Redwoodbäumen an der Pazifikküste.

Doch zurück ins Stadtzentrum, dessen Straßen von charmanten Holzhäusern im viktorianischen Stil gesäumt sind. Nur in Downtown dominiert die Vertikale einiger Wolkenkratzer. San Franciscos Ruf als lebensfrohe Weltstadt begründet sich zu großen Teilen wohl auf seine bunte Mischung verschiedener Kulturkreise. Man kann hier französische Crèpes zum Frühstück verzehren, mittags geht man italienisch speisen. Den Abend verbringt man in einem der zahlreichen chinesischen Restaurants um nachts vielleicht mit einer Weißwurst und *good old german beer* den internationalen Magen zu schließen.

Kein Wunder, daß Amerika für Emigranten aus aller Welt das Land der Träume war, in dem kulturellen Vakuum konnte schließlich jede Bevölkerungsgruppe ihre Kultur einbringen und etablieren. Das eindrücklichste Beispieel dafür ist wohl Chinatown. Mitten im Herzen der Stadt meint man plötzlich

in einer anderen Welt zu stehen. Chinesische Architektur, Restaurants, Geschäfte. Chinesische Zeitungen werden auf den Straßen verkauft, nachts flackert chinesische Leuchtreklame und selbst Mc Donalds präsentiert sich hier nicht im Einheitslook - Drucke mit chinesischen Motiven hängen an den Wänden. Und in den Schaufenstern der Geschäfte beruhigen Schilder den potentiellen Kunden. "We do speak english" steht darauf.

Es gäbe noch viel aufzuzählen; etwa die Fisherman's Wharf, das Vergnügungszentrum auf Pier 39 an der Bucht oder die Haight Street, berühmt geworden in den Flower Power Tagen, heute das Schwulenzentrum im Weltschwulenzentrum San Francisco. Oder die berüchtigte Gefängnisinsel Alcatraz; aber bei mir hat Chinatown das Rennen gemacht, und während meines Aufenthaltes vergeht kein Tag, an dem ich nicht durch dieses skurrile Stadtviertel schlendere.

Meinen letzten Tag in Frisco verbringe ich auf dem Campus der legendären University of California in Berkely. Diese Universität war in den späten 60-ern praktisch die Keimzelle des Flower Power, sie gab die Impulse bei den Vietnamprotesten. Mich interessiert, wie sich die Tochtergeneration der Blumenkinder so macht - und ich bin grenzenlos enttäuscht.

Aus Hippies sind Yuppies geworden, alle sehen aus, als hätten sie vorgestern ihre zweite Million gemacht. Die smarten Studenten tragen jetzt brav das Aktenköfferchen und ihre Kommilitoninnen lassen ihre weißen Zähne im studiogebräunten Gesicht blitzen. Der einzige Hippie weit und breit bin ich mit meinen guatemaltekischen Klamotten - und so werde ich auch angeschaut. Wie ein wieder auferstandenes Fossil!

In der Jugendherberge habe ich Gert, einen Postboten aus Berlin, kennengelernt, der mich auf meinem Weg nach Osten begleiten wird. Er schwärmt für Kanada und ist eigentlich von Vancouver nur in die Staaten gefahren, um San Francisco zu sehen, doch ich habe ihn überzeugt, bis zu den großen Seen mit durch die USA zu fahren. Mit eigenem Auto allerdings!

Die billigste Art, in den USA zu einem Auto zu kommen, sind die *Drive-away offices*. Man überführt also einen fremden Wagen von einer Stadt in eine andere, hinterlegt hundert Dollar Kaution, bekommt eine Frist gesetzt und eine USA-Karte in die Hand und dann: "Have a good trip!"

Wir holen also unseren Wagen, einen Plymouth, ab und fühlen uns, motorisiert, endlich akzeptiert. Erst jetzt lernen wir das Amerika der Amerikaner kennen. Das Land der Drive In -Banken, -Imbisse, -Telephone, in dem man höchstens zum Tanken sein Auto verläßt.

Genug gelästert, acht Tage haben wir nun Zeit, um den Wagen ins 2500 Meilen (4000 km) entfernte Detroit zu bringen. Wir wursteln uns durch das Knäul der Stadtautobahnen, überqueren auf der Bay Bridge die Bucht und ich denke wehmütig bei einem letzten Blick in den Rückspiegel:
"Bye, bye, San Francisco, see you again!"

Wildnis und Neonlicht

Mit unserem Plymouth verlassen wir schon bald den Interstate Highway 80, die kürzeste Verbindung, da uns keine Meilenbegrenzung auferlegt wurde.

Ganz entgegen dem Bild, das uns in all den Krimiserien vorgegaukelt wird, sieht man auf den Highways keine wilden Verfolgungsjagden, vielmehr zuckelt die Blechlawine brav mit den vorgeschriebenen *55 miles per hour* (88 km/h) über die sanften Hügel der kalifornischen *west-coast*. Nur die Trucks jagen einem manchmal einen Schrecken ein, wenn diese PS-Giganten unvermutet hinter einem auftauchen und zügig überholen. Die Fahrer werden schließlich nach Meilen bezahlt, und mit Hilfe eines Radarwarners bringen sie die Lastzüge auf ansehnliche Geschwindigkeiten, um kurz vor einer Radarfalle abzubremsen.

Wir aber haben Zeit. Gert am Steuer beschwert sich zwar schon, sein Bleifuß schlafe ein, aber wir genießen beide dieses lockere Dahingleiten. Das Autoradio spuckt wieder vertraute Klänge aus, und eine Hügelkette kommt langsam näher.

Ihre Bergrücken glitzern schon von weitem unwirklich - gespickt mit tausenden von Aluminiumwindrädern gleichen sie fast einer Science Fiction-Szenerie. Wir biegen ab in einen kleinen Feldweg, entfachen ein Lagerfeuer, packen den Kram für das Picknick aus und kochen uns mit Gerts letztem deutschen Brühwürfel eine Gemüsebrühe.

Das Wasser beginnt gerade zu sieden, da kommt ein waschechter Cowboy auf uns zugeritten und weist uns in breitem Californisch auf seine Rinderherde hin:

"Hey guys, I.m sorry, but..."

Er muß sie just dalang treiben, wo wir uns niedergelassen haben, also alles rasch wieder zusammenpacken! Da verbindet diese Szene mal wieder surreal Amerikas Vergangenheit mit der kulissenhaften High-Tech-Zukunft auf den nahen Hügeln. Der einzige Berufsstand, über den wir aus dem Fernsehen alles wissen, ist hier in drei Generationen vertreten. Neben dem erwähnten Cowboy reitet ein höchstens zehnjähriger Bursche übermütig mal hier-, mal dorthin, und Grandpa trottet hinterher und scheucht mit seinem heiseren "Hey-ho !" die letzten Viecher durchs Gatter.

Wir beenden das unterbrochene Picknick und taufen mit dem Rest Gemüsesuppe 'unseren' Wagen auf den Namen Plymmie.

Leider erweist sich Plymmie schon bei den ersten Steigungen kurz vor dem Yosemite National Park als das absolute Seniorenmodell. Bergauf rechnen wir jeden Moment mit seinem letzten Schnaufer , bergab dagegen rollt er wie ein junger Gott!

Seitenlang könnte ich mich angesichts der grandiosen Natur des Yosemite National Parks in ausgedehnte Landschaftsbeschreibungen hineinsteigern und dennoch nicht die richtige Atmosphäre treffen. Dies muß ich wohl der Farbfotografie überlassen, für die leider in diesem Buch kein Platz ist, und auch Schwarz-weiß-Zeichnungen können nicht die ganze Stimmung der Eichen-, Pinien- und Zedernwälder inmitten steiler Granitfelsen einfangen.

Doch die überwältigende Schönheit nordamerikanischer Landschaften ist wohl über jeden Zweifel erhaben, und man muß sie eigentlich mal selber gesehen haben, um einen Eindruck davon zu haben. Manche Augenblicke lassen sich einfach Nicht auf Papier oder Zelluloid konservieren...

Und während hier im Tal die Natur aus ihrem Winterschlaf erwacht, versperren uns auf dem Paß noch zwei Meter Schnee die Weiterfahrt nach Nevada. Im Mai! Das wirft unsere geplante Fahrtroute natürlich völlig über den Haufen, und wir müssen einen Umweg von 300 Meilen in Kauf nehmen, um ins legendäre Death Valley zu gelangen.

Von 2000 Meter Höhe ins Tal, 85 Meter unter dem Meeresspiegel, aus tief verschneiten Bergen in die brütende Hitze dieser Glutkammer, selbst im Frühling ist es hier schon fast unerträglich. Mehr als einmal halten wir an, um uns umzuziehen, und im Todestal sitze ich nur noch in Unterhose am Lenkrad.

Die ersten Weißen in diesem Gebiet hatten es weit unbequemer. Im frühen 19. Jahrhundert versuchten etwa hundert Menschen, durch die Goldfunde angelockt, nach Californien zu gelangen. Aufgrund einer Fehlinformation landeten sie hier und die westlichen Berge erwiesen sich als unüberwindbar für ihre Planwagen. So gaben sie die Wagen auf, schlachteten die Zugtiere und gingen zu Fuß weiter. Doch nur eine Handvoll Männer erreichte die Westküste - so war der Name für dieses lebensfeindliche Gebiet gefunden: Death Valley.

Aus dem Auto bewundern Gert und ich diese Wüste aber ohne Risiko - die windgeriffelten Sicheldünen und weite Salzebenen, die Überreste eines Meeres.

Kleine Bergwerke, verfallene Hütten von Minenarbeitern und klobige Holzwagen zeugen noch heute von den Strapazen im letzten Jahrhundert, als hier Borax abgebaut wurde und in einem Dreiwagen-Gespann von 20 Mulis über 200 Meilen

durch die Wüste gezogen wurde.

Nevada, Land der Atomversuche und des Glückspiels. Meile um Meile zuckeln wir durch den Sonnenuntergang in Nevadas Wüstenbergen in fieberhafter Erwartung des nächsten Lichtes. Es wird das Neonlicht von Las Vegas sein. Spieler -paradies oder -hölle?

Eigentlich hat Las Vegas keinerlei Existenzberechtigung; es liegt inmitten des Nichts. Kein hübsches Stadtzentrum, keine berauschende Landschaft, nicht mal gesundes Klima kann es bieten, eigentlich müßte es also noch immer ein verstaubtes, ödes Wüstennest sein... hätte der Staat Nevada nicht In den 30-er Jahren das Glückspiel legalisiert.

So ist eine Stadt entstanden, die praktisch nur aus Casinos, Hotels und Kirchen besteht (nirgends sonst kann man so schnell und billig heiraten oder sich scheiden lassen).

Nach einer erfrischenden Dusche in der Jugendherberge fühlen wir uns reif für eine lange Nacht; je 20 Dollar zu verspielen, haben wir uns vorgenommen, keinen Cent mehr! Kaum habe ich das riesige Foyer eines dieser Lichtpaläste betreten, befällt mich eine Art kindliche

Freude. Es ist einfach fantastisch, Geld in die einarmigen Banditen zu stecken, den Hebel nach unten zu ziehen und auf das Glück in Form von Symbolkombinationen zu warten. Wie eine unüberschaubare Armee von gezähmten Raubrittern stehen die Slotmachines in langen Reihen.

Die Starshow aus Evergreens und Glamourgirls ignoriere ich und widme mich ganz dem Duell mit den Geldschluckern. Eine Bedienung fragt, was ich denn trinken möchte. Ich nenne ihr den kompliziertesten Longdrink, den ich kenne, und sie serviert ihn mir - gratis natürlich. Ist das nicht toll? In vollen Zügen genießen wir den Hauch von Dekadenz, essen für je einen Dollar drei Krabbencocktails hintereinander, spülen nach mit Champagner und geben uns unserer nie erprobten Spielerleidenschaft hin.

Das Las Vegas der Slotmachines ist die Wochenend-Goldgräberstadt der amerikanischen Mittelschicht. Aus allen Landesteilen kommen die Leute her, um ihrem kleinen Glück nachzujagen. Und wenn der Automat laut rasselnd und scheppernd Münzen ausspuckt, sind die Glücklichen dem Spielerhimmel einen guten Schritt näher. Doch Glück und Pech machen hier gemeinsame Sache. Während der Gewinner vom aufdringlichen Klingeln des Automaten gefeiert wird und neidische Blicke auf sich zieht, bleiben die Verlierer anonym und einsam. Dollar um Dollar verschwindet still im Münzschlitz - ohne Erbarmen.

So geht es auch Gert und mir. Nach einigen Gewinnen wendet sich irgendwann das Blatt, und wir spielen zielsicher auf unsere Pleite hin. Erst als der letzte Reserve-Dollar verspielt ist, geben wir Ruhe und reihen uns beschwipst in den nächtlichen Stau auf der Hauptstraße ein.

Las Vegas ist eine Achterbahn der Empfindungen, eine tolle Stadt - ein Glück, daß wir morgen hier abhauen...

Aus dem bunten Neonspektakel führt uns die Straße nach Utah und seinen Nationalparks. Wieder stehen wir sprachlos vor den monumentalen Canyons im Zionpark, bestaunen die bizarren Felsnadelspitzen des Brice Canyon.

Das romantische Lagerfeuer am Abend und die ungemütliche Nacht im Wagen sind für uns bereits gewohnte Standards in den USA geworden, schon aus Rücksicht auf den schmalen Geldbeutel. Allein die Lebensmittelpreise strapazieren meine Reisefinanzen ganz erheblich. Verwöhnt von lateinamerikanischen Verhältnissen habe ich mir hier im stillen angewöhnt, den Dollar beim Einkaufen im Verhältnis Eins zu Eins umzurechnen. Nur so erscheinen die Preise erträglich...

Morgens wachen wir fröstelnd auf, die Wagenscheiben sind von innen mit Eisblumen bedeckt, es hat geschneit. Aber sobald die Sonne über den Horizont linst, breitet sich eine wohlige Wärme aus und wir machen uns leicht bekleidet an den Abstieg in die rotorangen Kalk- und Sandsteinformationen.

Der erste weiße Siedler beschrieb das Gebiet folgendermaßen: "Die reinste Hölle, wenn man eine Kuh verliert!"
Als sich unser Spaziergang zu einer unfreiwilligen Wanderung mausert, leuchtet uns diese Beschreibung ein.

Wir hatten einen Wegweiser übersehen, und waren vom Rundweg abgekommen. so abwechslungsreich die ausgewaschenen Steinformationen auch sind, so wenig kann man sich an ihnen orientieren. Und nachdem wir anfänglich einfach staunend drauflos gehen, wird uns bald klar, daß wir ja auch irgendwann zurück müssen. Von weitem sehen wir den Wanderweg - doch wie hin kommen? Querfeldein schlagen wir uns bergauf, bergab, um zu erkennen, daß immer wieder ein Steinmassiv den direkten Weg versperrt. Schließlich gerate ich auch noch in ein gefährliches Geröllfeld. Die Steine beginnen abwärtszurollen, und bald sehe ich mich inmitten einer Lawine den Berg hinunterrutschen. Ein dumpfes Gepolter und eine riesige Staubwand deuten unmißverständlich auf einen Abhang hin und ich komme der Staubwolke immer näher. Wenige Meter vor dem zweifelhaften Vergnügen, mit den Steinen in die Tiefe zu donnern, erwische ich gerade noch die dünnen Zweige eines Busches und habe Glück: sie halten!

Mein Herz klopft wie ein Presslufthammer, und Schritt für Schritt taste ich mich vorsichtig am Fels das Geröllfeld wieder hinauf und ergreife Gerts helfende Hand; er hat von oben machtlos die Beinahe-Katastrophe mit ansehen müssen.

Zwei Stunden später erreichen wir mit ausgetrockneten Kehlen die Aussichtsplattform und unseren Plymmie.

Auf dem Highway

Vom Highway 70 aus gesehen ist Kansas verblüffend langweilig. Der Highway ist leer und sbhnurgerade, die Landschaft flach und grün soweit das Auge reicht - und es reicht nicht weit bei diesem Mistwetter. Abwechslung am Straßenrand bieten nur hin und wieder geduckte Ölpumpen und schlichte Getreidesilos.

Das Radio röhrt alte Beatles-Songs, ich lese beim Steuern, Gert schläft noch. Meile um Meile fahre ich durbh das endlose Grün, es regnet Fäden, die Zahlen auf dem Tacho kriechen unbarmherzig Langsam voran. Gert wacht auf, erkundigt sich, wo wir inzwischen sind. Ein Blick auf die karte Läßt ihn aufstöhnen:

"Fünf Zentimeter sind wir in den letzten vier Stunden nur gekommen?!"

Wir pokern ein Weilchen, dann haben wir genug von dem Geschwindigkeitslimit. Wir hängen uns an einen Truck (mit

Radarwarnung) und jagen Plymmie mit Höchstgeschwindigkeit nach Osten.

In Kansas City verfahren wir uns auf der Suche nach einer gemütlichen Kneipe für den Abend und landen im verlotterten Hafenviertel. Halbverfallene Backsteingebäude mit verrosteten Feuerleitern. Das Drahtgewirr der Strommasten und verblaßte Buchstaben vergangener Fassadenwerbungen erinnern an Robert Rauschenbergs sentimentale Photographien eines vergangenen Amerikas. Ein scheppemdes Geräusch holt uns abrupt ins Jetzt zurück. Der Auspuff ist durchgerostet und schleift auf dem Boden hinterher. Aus mangelndem technischen Know-How und Verantwortungsbewußtsein befestigen wir ihn an der nächsten Tankstelle nur provisorisch mit einem festen Draht - es wird schon halten...

Der Tankwart steht daneben und grinst vielwissend:
"Drive-away-car?"
Wir nicken stumm. Er fragt, ob wir auch zu dem Konzert wollen.
"Ja, natürlich! Wer spielt denn, wann und wo?", fragt Gert.
"Deep Purple, gleich hier um die Ecke, im Eishockeystadion. Aber beeilt euch, in acht Minuten geht es los. Viel Spaß!"

Die Vorgruppe 'Bad Company' spielt schon, als wir ankommen; die Stimmung hat die Arena bereits in einen Hexenkessel verwandelt. Eine Platzanweiserin leuchtet uns den Weg zu zwei freien Sitzplätzen - Sitzplätze bei einem Rockkonzert, das wäre in Europa unvorstellbar. Auch als ich ein zweites Bier holen will, muß ich mich doch sehr wundern.

"Du hattest schon ein Bier, mehr gibt es nicht."
Der Typ hinter der Theke zeigt als Beweis auf meine abgestempelte Eintrittskarte.
"Nur noch eins", versuche ich ihn zu überreden, "ich bin weit gefahren, um dieses Konzert mitzuerleben, außerdem ist amerikanisches Bier sowieso nur Sprudel mit Geschmack, da kann ich gut zwei vertragen..."
Genervt fragt er: "Wo kommst du denn her, Mann?"
"Aus Hannover, Germany."
Sein Gesicht hellt sich augenblicklich auf, "Oh whow, Germany? Great!"
Das ist etwas anderes, ich bekomme mein Bier.

Zurück im brechend vollen Stadion erlebe ich ein grandioses Konzert mit einer phantastischen Lasershow. Aber auch die virtuose Musikdarbietung versetzt einen in staunende Begeisterung. Vielleicht ist das gar nicht so schlecht mit den Sitzplätzen. Gut, man kann zwar nicht tanzen, dafür kann man aber viel konzentrierter die Musik und die Bühnenshow genießen.

Nach dem Konzert sind wir so aufgedreht, daß wir noch eine gute Strecke schaffen, bevor wir uns in einem kleinen Städtchen schlafen legen.

"Wake up!"
Jemand hämmert unsanft auf die Motorhaube. Irgendwer von den Anwohnern muß die Polizei gerufen haben, jedenfalls

machen uns jetzt zwei *Cops* ein Riesenthema, daß wir nicht einfach irgendwo schlafen könnten und hier schon gar nicht. Unsere Pässe, die Wagenpapiere werden einer genauen Prüfung unterzogen, dann können wir fahren, aber schnell, bitte! Hundemüde erreichen wir bei strahlendem Sonnenschein St.Louis und den Mississippi, wo wir erst mal ausschlafen.

Ein fast 200 Meter hoher Bogen, als symbolisches Tor zum Westen, überragt die Stadt, die schon sehr viel schwarzen Einfluß hat. Unter dem modernen Monument kann man in einem unterirdischen Museum die Geschichte der Expansion nach Westen nacherleben. Die Zeiten der Mississippidampfer sind allerdings vorbei, Mark Twains Geburtsstadt Hannibal im Norden soll auch nur noch ein Souvenierstädtchen sein; der Glanz des good old Mississippi river ist verblaßt - wir fahren weiter.

"Sydney 3 miles", verkündet ein Straßenschild. Wir sind bereits an drei Städtchen namens Paris vorbeigekommen, haben Peking, Oxford und Brazil passiert und werden bald nach Lima kommen. Namen, die verraten, aus welcher Gegend die Stadtgründer stammten. Allmählich gelangen wir in den Einzugsbereich der Schwerindustrie an den großen Seen. Hier findet man Angehörige einer jeden Rasse und Religion, die es auf der Suche nach Arbeit einmal hierher getrieben hat.

Zwei Tage vor Ablaufen der Abgabefrist des Wagens erreichen wir Detroit und fahren gleich durch nach Kanada, schließlich verschenkt man nicht einfach zwei Tage...

Kanada, der Nachbar im Norden

Flächenmäßig gesehen ist Kanada größer als die USA, aber nur ein Zehntel so viele Menschen wohnen in diesem riesigen Land, das erstaunlicherweise so ganz anders ist als sein südlicher Nachbar. Kanada ist endgültig und offiziell erst 1931 von der englischen Krone unabhängig geworden und ist sich seiner europäischen Wurzeln sehr bewußt. Gerade gegenüber den mächtigen USA im Süden hat es inzwischen ein gefestigtes Nationalbewußtsein, und auch die Spannungen zwischen den englisch- und französisch-sprechenden Bevölkerungsteilen scheinen vorerst überwunden.

Die 400 Kilometer bis zu den Niagarafällen vergehen wie im Fluge, schließlich waren wir inzwischen gewohnt, in Meilen zu rechnen, hier aber sind Entfernungen in Kilometern angegeben.

Wer hat von den Niagarafällen noch nichts gehört, was waren sie doch gleich, die höchsten Wasserfälle oder die schönsten? Weder noch, sie sind bloß perfekt vermarktet. Mit den Bildern von Iguazu im Hinterkopf bin ich zunächst ganz schön enttäuscht, als wir schließlich ankommen. Die Niagarafälle mit dem ganzen Drumherum an Souvenierläden und Aussichtstürmen kommen mir bald so vor wie ein Wasserhahn, von gerissenen Touristikmanagern als das Phänomen schlechthin präsentiert. Von der Nähe gesehen, am sogenannten Hufeisenfall überkommt mich aber auch hier angesichts der tosenden Wassermassen, aus deren Gischt ein doppelter Regenbogen steigt, ein berauschendes Gefühl. Es ist schon ein gewaltiges Naturschauspiel, besonders im Winter muß es beeindruckend sein, wenn selbst der Wasserfall von den Seiten her einfriert und die Wassermassen unter einer Eisschicht in die Tiefe donnern.

Als die Fälle abends bunt angestrahlt werden, wird es uns doch zu kitschig und wir fahren ins nahe Toronto.

Nachdem wir alles touristische erledigt haben, schlendern wir ziellos durch die sauberen Straßen dieser interessanten Stadt. Neben edlen antiken Herrschaftshäusern und Kirchen erheben sich oft unvermittelt ultramoderne Wolkenkratzer. Wir schauen noch zu, wie in einer Nebenstraße eine kurze Straßenszene für irgendeine TV-Serie gedreht wird, dann besuchen wir unangemeldet eine Freundin von mir, die seit einiger Zeit hier in Toronto wohnt. Die Überraschung und die Freude sind groß, sie hat aber leider üüberhaupt keine Zeit heute, und wir müssen morgen schon den Wagen abgeben. So bleiben wir nur auf einen Coffee und machen uns dann wieder auf den Weg in die USA.

"Nein, Mister Latta ist nicht da, er kommt übermorgen wieder", erklärt man uns, als wir Plymmie in Detroit abliefern wollen. Mit empörter Miene freuen wir uns über die erneuten zwei Tage Aufschub und fahren ins Stadtzentrum, wo seit gestern das weltgrößte Gratis- Blues und Country & Western- Festival stattfindet. *Good vibrations* von früh bis spät, Tausende von begeisterten Zuschauern - jung und alt, schwarz und weiß - und viel Budweiser Beer. Und der kehlige schwarze Sound gefeierter Bluesveteranen.

Und dann trennen sich unsere Wege, Gert möchte über Ste.Marie wieder nach Kanada, ich werde nach Cleveland fahren, wo meine Tante auf mich wartet. Den Abschied feiern wir stilgerecht bei Mc Donalds; in Berlin oder Hannover werden wir uns wiedersehen. Abschied auch von Plymmie, der uns brav 4030 Meilen (7250 Km) durch Nordamerika gefahren hat.

Diesmal ist Mister Latta da und nimmt seinen Wagen in Empfang. Ein Blick auf den Kilometerstand, ein kritischer Seitenblick, das hatte ich erwartet. Er erstattet mir die hundert Dollar in Form eines für mich unbrauchbaren Schecks zurück, zum Einlösen bräuchte ich hier ein eigenes Konto... Vor allem aber bin ich jetzt wieder auf das öffentliche Transportsystem oder meinen geduldigen Tramperdaumen angewiesen.

So sitze ich also wieder in der Greyhound Bus Station und ärgere mich über den Fahrpreis von 34 Dollar für 158 Meilen. Aber was soll's, ich kaufe mir noch eine Dose Cola, der Automat wünscht mir mit mechanischer Stimme eine gute Reise und ich steige in den überklimatisierten Bus, der mal wieder einer rollenden Gefriertruhe ähnelt. Wie anders waren doch die Busse in Lateinamerika - randvoll, lärmend, dreckig und manchmal aufdringlich, aber nie so steril wie hier. Dem Greyhound bleibt wenig von seinem romantischen Flair, das ihn früher umschwebte.

Cleveland, sterbende Stadt

Anneliese, die Schwester meines Vaters, und ihr Mann Claus wanderten in den 50-er Jahren in die USA ein, um eine Farm in West Virginia zu betreiben. Ihr Traum platzte und sie zogen nach Cleveland am Eriesee, wo Claus als Schweißer in der Schwerindustrie Arbeit fand, bis er nach einem Betriebsunfall nicht mehr arbeiten konnte. Die staatliche, sowie die Rente vom ehemaligen Arbeitgeber reichten knapp, und seit die Stahlbaufirma Pleite gemacht hat, ist Claus nur noch auf das staatliche Sozialnetz angewiesen. Und dessen Maschen sind bekanntlich in den Vereinigten Staaten weit geknüpft. Armut also auch im reichsten Land der Erde.

Auf einer Sightseeingtour zeigt mir Anneliese die Stadt. Die Neubauten sind allesamt Krankenhäuser und Erholungszentren. Kein Wunder - Cleveland ist eine sterbende Stadt. Vor 30 Jahren noch lebten hier eine Million Menschen. Aber als die Stahlindustrie an die südliche Ostküste abwanderte, weil die Schiffe zu groß wurden, um über den St.Lorenzstrom in die großen Seen einzufahren, begann der Verfall dieser einst so stolzen Stadt. Inzwischen wohnen hier nur noch 600000 Leute, und die Arbeitslosenquote ist hoch.

"Unser Stadtviertel verfällt langsam", erklärt Claus, "seit Jahren schon ziehen hier nur Schwarze her, und wir kommen nicht mehr weg. Unser Haus ist nichts mehr wert, wir hätten gleich verkaufen sollen, als die ersten Schwarzen hier einzogen, jetzt ist es zu spät. Wir sind die letzten Weißen im ganzen Straßenzug."

Eine Spur Verbitterung schwingt in seiner Stimme mit, und

ich frage ihn direkt:
″Sag mal, ob schwarz oder weiß - das sind doch Nachbarn, oder hast du was gegen schwarze Hautfarbe?″
″Nein, generell nicht, es sind auch nette Menschen dabei, aber sie nehmen uns alles weg. Die Grundschule, auf die unsere Kinder gegangen sind, ist schon geschlossen worden, der Kindergarten auch. Du mußt wissen, daß dieses Viertel früher vor allem von deutschen und polnischen Einwanderern bewohnt war, es gab deutsche Kirchengemeinden, wir hatten viele Freunde hier.

Seit Jahr für Jahr immer mehr Schwarze in diesem Viertel wohnen, sind alle unsere Bekannten nach und nach weggezogen, die Kirchen waren leer, wurden geschlossen...

Nein, es sind bestimmt liebe Leute, die schwarzen Nachbarn aber sie haben uns unsere Heimat gestohlen, weil wir geblieben sind. Aber wo sollen wir auch hin, so wie es früher war, ist es nirgends mehr."

Eine Woche bleibe ich in Cleveland, hier ist auch Post aus Deutschland für mich angekommen. Claus löst für mich den Hundert-Dollar-Scheck ein, ich besorge ein neues Drive-away-car nach Jersey City, direkt bei New York. Es ist ein schikker, brandneuer Ford, allerdings weist mich schon nach den wenigen Meilen bis zum Haus meiner Verwandten ein aufdringliches Piepen darauf hin, daß das Öl alle ist. Die Ölwanne oder sowas muß defekt sein, und da ich keinerlei Lust habe, auf der Fahrt nach New York alle 20 Meilen Öl nachzufüllen und den Benzinstand zu kontrollieren, bringe ich den Wagen wieder zurück ins Office.

Ich habe Glück im Unglück, im Büro des Drive-away Unternehmens lerne ich David kennen. Er ist ein schwarzer Student der Harvard University in Boston und kann mich gegen Spritkostenbeteiligung dorthin mitnehmen. Wir verabreden einen Treffpunkt in zwei Stunden, so bleibt mir noch Zeit für einen überstürzten, aber herzlichen Abschied von Anneliese und Claus, die mir eine bequeme und erholsame Woche bereiteten.

Abwechselnd fahren David und ich die ganze Nacht durch ostwärts und morgens erreichen wir Boston/Massachusettes.

Diese Stadt hebt sich wohltuend vom üblichen Schachbrettgrundriß der meisten nordamerikanischen Städte ab. Die verwinkelten Straßen gruppieren sich um die Faneuil Hall, die wegen ihrer vorrevolutionären Massenveranstaltungen im 18. Jahrhundert als Wiege der Unabhängigkeit gilt. Überhaupt hat Boston seinen kolonialzeitlichen Charme weitgehend behalten, kopfsteingepflasterte Gassen und Gebäude in altenglischem Stil. Selbst die modernen Hochhäuser sehen so aus, als ob sie auch so ein bißchen aus der Kolonialzeit stammen sollten.

Auffallend ist, daß Boston im Vergleich mit vielen amerikanischen Städten eine 'Krawattenstadt' ist, hier in Neuengland wird viel Wert auf korrekten Stil gelegt und ich fühle mich in meinen zerschlissenen Reiseklamotten etwas fehl am Platze. Deshalb suche ich die Busstation und mache mich daran, nach New York City zu gelangen, um die letzte große Erwartung meiner Reise zu erfüllen. Kaum habe ich den Nachtbus bestiegen und mich auf meinem Platz niedergelassen, falle ich auch schon in einen tiefen, traumlosen Schlaf.

New York City

"I wanna wake up, in a city, that never sleeps..."
besingt Frank Sinatra den 'Big Apple', und als ich um halb sechs Uhr vom Busfahrer geweckt werde, befinde ich mich bereits an der 42. Straße, einen Block vom Times Square, dem Herzen Manhattans, entfernt. Noch ist die Busstation mit einem Eisengitter abgesperrt, draußen davor liegen zusammengekauert vermummte Gestalten, die der warme Luftzug aus dem Gebäude hierher gelockt hat. Auf schäbigen Wolldecken oder Zeitungspapier haben sie es sich bequem gemacht. Sie warten, wie ich, darauf, daß sich um sechs Uhr das Eisengitter quietschend hebt. Als es endlich so weit ist, ergießt sich die ungeduldig wartende Menschenmenge zielstrebig in die Straßen New Yorks, und die Obdachlosen suchen sich für den Rest der Nacht ein ruhiges Plätzchen in der warmen Busstation.

Ich brauche eine Weile, um mir definitiv klar zu machen, daß ich jetzt tatsächlich in New York bin, und zwar genau an der Ecke 42.Street/8.Avenue. Man hat schon so viel über die lebende Legende New York gehört, daß, wenn man wirklich da ist, einem der Kopf überquillt mit den oberflächlichsten Klischeevorstellungen und man irgendwie gar nicht so recht glauben kann, daß es das alles tatsächlich gibt. Ich kämpfe mich durch die morgendliche Rush-hour und lasse die Stimmung einfach auf mich wirken: Den Zeitungsverkäufer, der gähnend die New York Times anpreist, die zwei Yuppies, die eiligen Schrittes auf dem Weg ins Büro sein mögen, den Geruch von Spiegeleiern, der aus einer Eckkneipe zu mir herüberzieht. Ein streunender Hund durchwühlt einen Abfallhaufen nach Eßbarem und ein schwarzer Straßenfeger säubert den noch leeren Gehsteig einer Nebenstraße.

Dann erreiche ich die 34.Street, wo ich für 14 Dollar pro Nacht im YMCA unterkomme und erstmal die Last des Rucksacks abstellen kann.

Wo beginnen bei der Beschreibung dieser Stadt, die alles verkörpert, was man je über sie gehört hat und noch vieles mehr? Beim Glitzer des Broadways, der berühmten Prachtstraße, die den Schachbrettgrundriß Manhattans diagonal durchschneidet, oder in Harlem, dem verslumten nördlichen Teil der Insel, der auf meinem Touristenstadtplan nicht einmal auftaucht; wohlweislich verschwiegen wird?

Anfangen bei den bayrischen Bierhallen der *upper east side*, den chinesischen Restaurants in Chinatown oder den Pizzerias in Little Italy?

Als erstes fahre ich mit einer Fähre von der Südspitze Manhattans für 25 Cent nach Staten Island, um auf dem Rückweg dieselbe Sicht auf New York zu haben, die Millionen von europäischen Einwanderern hatten - die heutigen Bewohner von New York. Die Fähre passiert die Freiheitsstatue, die zerklüftete Silhouette Manhattans wächst unaufhörlich in den verhangenen Himmel. Wie mögen die Immigranten diese architektonische Manifestation des ´Strebens nach ganz oben´

wohl empfunden haben? Arrogant und abweisend oder zuversichtlich und aufnahmebereit? Doch auch die armen Einwanderer hatten ihre Chance - und das ist eine der Hauptfaszinationen der Vereinigten Staaten; daß jeder, der genug Glück und Cleverness besitzt, alles erreichen kann. Nicht umsonst finden 'Tellerwäscherkarrieren' in Amerika statt, nicht im überbürokratisierten, traditionsgeplagten Europa...

Wo früher eine Mauer stand, um die Indianer von der kleinen Siedlung Nieuw Amsterdam fernzuhalten, erheben sich heute die Zwillingstürme des World Trade Center, steht die Aktienbörse in der Wallstreet.
Mittagspause im Financial District.
Im Nieselregen schlängele ich mich durch die Menschenmassen, die starren Blicks durch die Stein- und Glasschluchten hetzen. Schluchten, in denen der graue Himmel in weiter Ferne wie ausgeschnitten wirkt. Der Verkehr brandet gegen die rote Ampel, während hier und da das jaulende Signalhorn eines Ambulanzwagens versucht, sich einen Weg durch die zähflüssige Masse der Autos zu bahnen. Dazwischen jagen Fahrradboten mit ihrem mörderischen Fahrstil über Fußwege und rote Ampeln. Kreuz und quer durch die verstopften Adern dieser Stadt, die mir vorkommt, wie ein Organismus, der sich kurz vor dem Kollaps zuckend aufbäumt. Aus den Gullis quillt weißer Dampf. Gerüche, Wortfetzen dringen zu mir:
"Two Bucks, each!" - "...and this fuckin' guy, you know, he..." - "How' re you doin'?"
Dann blinzelt die Sonne zaghaft durch die Wolken, und an den Stellen, wo ihre Frühlingsstrahlen bis auf den Boden treffen, verwandelt sich der nasse Asphalt in eine schillernde, dampfende Fläche.
Ich besteige das Empire State Building, ein touristisches 'Muß'. Von der Aussichtsplattform im 102. Stock präsentiert

sich mir bei aufklarendem Wetter eine imposante Sicht. Die Straßen, aus denen ich eben noch wohlig erschaudernd die mächtigen Fassaden emporgeschaut habe, liegen jetzt unwirklich winzig in der Tiefe. Der Rundblick macht mir wieder schlagartig die Ausmaße dieser Insel klar. An irgendwas erinnert mich diese weitschweifende, zerpflückte Skyline - ja richtig, Manhattan scheint ein moderner Brice Canyon zu sein. Aus Stahl, Stein und Glas erstanden, erlebt dieser Moloch seine ewige Metamorphose. Alte Gebäude werden abgerissen, durch neue, höhere, schönere ersetzt. Unverändert fließt nur der Hudson River dahin, lädt der Central Park zum Verweilen ein, trägt der Wind das leise Rauschen des stockenden Verkehrs in die Höhe...

Nach fünf Tagen Sightseeing zwischen United Nations Gebäude und Harlem, zwischen Metropolitan Museum und Greenwich Village kapituliere ich angesichts des nicht zu bewältigenden Restes an Sehenswürdigkeiten und ziehe mich in die grüne Lunge New Yorks, den Central Park, zurück. Ich schlendere durch die riesige Anlage, bleibe mal hier bei Artisten und einer Jazzcombo stehen, schaue dort schwarzen *kids* beim Baseball zu und genieße die Ruhe der Natur. Ein typischer New Yorker kommt vorbei, einen Einkaufswagen vor sich herschiebend. Er greift tief in den Mülleimer neben der Parkbank und zieht zwei Coladosen heraus. Von den fünf

Cent Pfandwert pro Aluminiumdose muß er überleben. Er steckt die Dosen in einen großen Plastiksack und humpelt weiter. Sein Hausrat beläuft sich auf den Wagen, einen Sack Klamotten, den verbogenen Liegestuhl und einen großen Käfig für sein weißes Kaninchen.

Wie heißt diese Geheimformel, die in New York alle Nationalitäten, alle Extreme zusammenschweißt? Man kann sie wohl auf ein Wort kürzen: Toleranz.

Nirgends sah ich auf meiner Reise so schillernde und extravagante Persönlichkeiten, wie in New York. Zum Beispiel den beleibten Schwarzen, der mit Walkman und Gasmaske auf einem Rollschuh Balance haltend die Fifth Avenue runterrollt und dabei eine Dose auf dem Kopf spazieren fährt; oder Antonio, den italienischen Musikstudenten. Er sitzt mit seinem Cello Tag für Tag am Washington Square und spielt sanftmütig die Solosuiten von Bach gegen den Verkehrslärm an.

Meine Zeit und vor allem mein Geld neigen sich dem Ende zu, für 153 Dollar kaufte ich mir vorgestern ein Rückflugticket nach Frankfurt, Abflug in 24 Stunden.

Am Morgen meines letzten Tages in Amerika kommt plötzlich Arne ins Zimmer und läßt sich geschafft auf das freie Bett fallen. Wir hatten uns in Californien beim Hitchhiking kennengelernt

und er hatte tatsächlich genug Nerven, die gesamte Strecke bis an die Ostküste zu trampen. Das imponiert mir:
"Sag, Arne, du mußt doch irgendeinen Trick gehabt haben, verrate mir, warum du nicht an der Straße verhungert bist..."
Als Antwort rollt er vielsagend mit den Augen und sagt in beschwörendem Ton:
"Geduld! - Ich bin den direkten Weg getrampt und komme erst jetzt an... Du bist bestimmt durch das ganze Land gegondelt und warst womöglich sogar in Kanada..."

Lange erzählen wir von unseren Erlebnissen und Erfahrungen, dann statte ich dem Central Park einen letzten Besuch ab und schmuggle mich in eine puertoricanische *fiesta* am Seeufer. Spanisch sprechend, lachend und tanzend verbringe ich einen herrlichen Nachmittag und bringe es natürlich fertig, heute noch meine Brille kaputt zu machen. Ein Glück, daß mir dieses Mißgeschick nicht schon früher passiert ist.

Doch die Zeit ist gekommen, und ich mache mich auf den langen Weg zum John F.Kennedy Airport. Meine letzten drei Dollar setze ich noch in einen hamburger um, dann heißt es wieder:
"Fasten Seat Belts, Stop Smoking!"

Kein Resumée!

″Das war′s also″, denke ich im bequemen Flugzeugsessel, als die Maschine abhebt und nach Osten dreht.
″Jetzt ist meine Reise von Rio nach New York also zu Ende...″
Jeder Tag kam mir vor wie eine Woche, und nun kommen mir die fünf Monate vor wie höchstens einer. Die ganzen Ereignisse passieren noch einmal Revue, und ich weiß, diese Reise hat mir gezeigt, wieviel ich nicht gesehen habe.

Tourismus als Versuch, ein Land und dessen Bevölkerung verstehen zu lernen, ist wohl ebenso aussichtslos wie zu meinen, den Charakter eines Menschen nach seiner Bekleidung beurteilen zu können. Wie aber kann man ein Land verstehen? Und als Antwort habe ich wieder Raúls Stimme in den Ohren:

″Komme ohne dein Geld! Lebe und arbeite mit den Menschen zusammen!″
Das können leider nur die wenigsten.

Auf dem Herzen liegt mir nun noch, ein dickes Lob meinem Schutzengel auszustellen, der mich auf Schritt und Tritt aufmerksam begleitete. Er bewahrte mich vor Erdbeben, Busunglücken, Überfällen und sonst allem, was mir vorher prophezeit worden war. Nur gegen eine unerklärliche Entzündung, gegen Durchfall und Heimweh in Mexiko war er machtlos - aber das ist ja auch nicht sein Fach...

Ich lasse mir von der Stewardeß einen Whisky-Cola bringen und verspüre irgendwie das Bedürfnis, ein Resumée aus der Reise ziehen zu müssen, aber was soll ich nun resumieren? Soll ich von den wenigen Einblicken, die ich erhalten habe, auf's Ganze schließen? Soll ich das Essen loben oder gar das Wetter?

Nein, resumieren kann ich nicht. Was zählt, sind Gefühle, die ich mit niemandem teilen kann: die Betroffenheit in den Minen von Potosí, die Angst bei der Guerillasperre in Guatemala. Die Euphorie bei den Iguazúwasserfällen und angesichts der millionenfachen Armut in unwürdigen Behausungen eine Wut auf Politik und Industrie, auf mich selbst und meine Hilflosigkeit. Gefühle, die mich sicherlich verändert haben.

Und dann kam mit Nordamerika der große Bruch. Aus einem Armenhaus betritt man ohne Überleitung ein Luftschloß, die Traumfabrik eines überfütterten Volkes.

Ich machte mich daran, Vorurteile zu bestätigen, aber alles war ganz anders und doch irgendwie so, wie ich es mir ausgemalt hatte. Die USA als Ausblick in Europas Zukunft? Zum Teil bestimmt - vieles erkannte ich wieder, nur größer und perfekter. Und ich denke, ebenso wie ich ein Gramm des fröhlichen südamerikanischen Temperaments, einen Funken karibische Lebenslust in mich aufgenommen habe, ebenso beeindruckte mich auch der *american way of life*. Der unbedingte Wille zu kreativem Erfolg, ohne dessen Einfluß aus meiner Reise vielleicht kein Buch geworden wäre.

Ich schließe nun also ohne Fazit und kann nur empfehlen: Guck es dir selbst an! Vielleicht findest du mehr als du denkst.

Ich jedenfalls habe mich verliebt. 9000 Kilometer entfernt

von zu Hause, irgendwo zwischen Los Angeles und New York habe ich mich verliebt in das alte Europa. In seine Gemütlichkeit, seine Vielfalt und Kultur. Und als das Flugzeug nach der kürzesten Nacht meines Lebens in Frankfurt durch die Wolkendecke stößt, bin ich glücklich, wieder da zu sein. All die kleinen Freuden, die nicht in dieses Buch gehören: ein voller Kühlschrank, Schwarzbrot, eine Badewanne, und natürlich die vielen lieben Freunde. Und jeder wird mich fragen:
"Erzähl doch mal, wo war.s denn am schönsten?"

Bei dieser Frage wird mein Kopf übersprudeln vor Bildern, ich werde krampfhaft überlegen, wo es mir denn am besten gefallen hat und dann werde ich mit einem verträumten Blick sagen:
"In Amerika! Ja, ich glaube, in Amerika war es am schönsten..."

REISE STORY

Helmut Hermann

Traumstraße Panamerikana

Mit einem VW-Bus anderthalb Jahre und 100.000 Kilometer auf der "Traumstraße der Welt" von Feuerland nach Alaska. Realistischer Reisebericht mit vielen praktischen Reisetips.

254 Seiten, 70 Farb- und s/w-Fotos, Karten. DM 24.-
REISE-STORY Band 1
ISBN 3-9800975-3-6

Pressestimmen:
„. . . ein spannender und realistischer Reisebericht." (Tauber-Zeitung)
„. . . ein Buch, das feinfühlige und verständige Leser verdient" (Berliner Morgenpost)
„. . . der Titel ist zum Bericht des Erlebnisses Reisen mit Begegnungen, Aufregungen und Erzählungen, nicht zuletzt mit Anregungen zum menschennahen, bewußten Reisen gelungen." (Der Trotter)
„. . . vor allem: Das Buch bietet handfeste Tips für alle, die sich selbst auf die Reise begeben möchten." (Hanauer Anzeiger)

Reisebuchverlag Helmut Hermann D-7145 Markgröningen

Progr mmübersicht 1988/89

eise Know-How Bücher ntstehen aus zwei Grün- en: Wir – die Autoren – aben Freude an bewuß- em Reisen und stellen fest. aß unsere Erfahrungen nderen von Nutzen sind. aher schreiben wir Bü- ıer, deren Inhalt Hand nd Fuß haben, die helfen. n Ziel zu finden, ein Bett ir die Nacht, einen Platz n Bus, eine Straße im ächsten Ort, im Notfall ei- en Arzt etc. etc. Diese aktischen Tips sind uns ehr wichtig. Am Herzen egt uns jedoch, den Men- hen näher zu kommen. ır Leben, ihre Besonder- eiten und Probleme zu erstehen. Wir sorgen da- ir, daß jeder Band die ge- ıeinsam gesetzten Quali- itsmerkmale erfüllt. Weil ch alles laufend ändert. ktualisieren wir häufig nd drucken kleine Aufla- en.

Reiseführer

Hans-R. Grundmann
USA/CANADA
Erweiterte Auflage 88/89:
524 Seiten + 31 S. N.Y.-City, 50 Karten, zahlreiche Abb. & Fotos.
Verlag Dr. H.R. Grundmann, 2930 Varel.
ISBN 3-980 0151-3-0 DM 29,80

Rainer Lössl
PERU/BOLIVIEN
384 Seiten, viele Fotos und Pläne.
Rainer-Lössl-Verlag, München.
ISBN 3-980 0376-2-2 DM 29,80

Petra Brixel, Gerd Simper
NORD-JEMEN
324 Seiten, viele Abb. und Karten, 16 Farbseiten.
Därr Reisebuch-VerlagsgmbH, Hohenthann.
ISBN 3-921 497-10-8 DM 29,80

Wil & Sigrid Tondok
ÄGYPTEN für Globetrotter
404 Seiten, viele Abb. und Karten.
Reisebuchverlag die TONDOKs, München.
ISBN 3-921 838-07-x DM 28,80

Erika Därr
MAROKKO
468 Seiten, viele Karten und Abb., 16 Farbseiten.
Därr Reisebuch-VerlagsgmbH, Hohenthann.
ISBN 3-921 497-80-9 DM 32,80

P. Rump, F.P. Herbst
LAPPLAND-Handbuch
384 Seiten, über 100 Abb. und Karten, 31 in Farbe.
Peter-Rump-Verlag, Bielefeld.
ISBN 3-922 376-10-x DM 26,80

Peter Meyer, Barbara Rausch
JUGOSLAWIEN-Reisehandbuch
528 Seiten, 140 Abb., 50 Karten, Tab. und Register.
Peter Meyer Reisebuchverlag, 5429 Katzenelnbogen.
ISBN 3-922 057-16-0 DM 29,80

Edgar P. Hoff, Marita Korst
TÜRKEI-Handbuch
560 Seiten, 97 Karten, 80 Fotos.
Edgar Hoff Verlag, 6649 Rappweiler.
ISBN 3-923 715-02-8 DM 29,80

Edgar P. Hoff
AUSTRALIEN
In Vorbereitung, ca. 500 Seiten, zahlreiche Karten und Abb.
Edgar Hoff Verlag, 6649 Rappweiler.
DM 28,80

Peter Rump
BALI & LOMBOK mit Java
416 Seiten, über 100 Abb. (31 in Farbe).
Peter-Rump-Verlag, Bielefeld.
ISBN 3-922 376-06-1 DM 28,80

Gunda Urban
KOMODO, Sumbawa & West-Flores
ca. 280 Seiten, viele Karten und Fotos, 32 in Farbe.
Peter-Rump-Verlag, Bielefeld.
ISBN 3-922 376-60-6 DM 28,80

Eberhard und Klaudia Homann
SARAWAK-Handbuch
200 Seiten, viele Abb. und Karten.
Peter-Rump-Verlag, Bielefeld.
ISBN 3-922 376-90-8 DM 24,80

Peter Rump (Hrsg.)
SÜDOST-ASIEN Reisehandbuch
ca. 600 Seiten, über 100 Karten und Abb.
Peter-Rump-Verlag, Bielefeld.
ISBN 3-922 376-01-0 ca. DM 30

Sachbücher

Peter Meyer, Barbara Rausch
INDIEN/NEPAL
648 Seiten, 160 Abb., 135 Karten & Tab., Orts- & Kartenregister.
mandala verlag, Barbara Rausch, 6330 Wetzlar
ISBN 3-922 057-12-8 DM 34,80

Barbara Rausch, Peter Meyer
SRI LANKA und die Malediven
336 Seiten, 70 Abb., 30 Karten & Tab., Orts- und Kartenregister.
mandala verlag, Barbara Rausch, 6330 Wetzlar
ISBN 3-922 057-14-4 DM 24,80

Brigitte Blume
BIRMA – BURMA
280 Seiten, viele Abb., Pläne und Farbfotos.
Verlag Brigitte Blume, München.
ISBN 3-980 0464-2-7 DM 26,80

Peter Meyer
KORSIKA
ca. 400 Seiten, viele Karten und Abb.
Peter Meyer Reisebuchverlag, 5429 Katzenelnbogen.
ISBN 3-922 057-18-7 ca. DM 29,80

Lutterjohann/Homann
MALAYSIA/SINGAPUR-Handbuch
ca. 300 Seiten, viele Karten, Abb. und Fotos.
Peter-Rump-Verlag, Bielefeld.
ISBN 3-922 376-31-2 DM 28,80

Rainer Krack
THAILAND-Handbuch
ca. 300 Seiten, viele Karten, Abb. und Fotos.
Peter-Rump-Verlag, Bielefeld.
ISBN 3-922 376-27-4 DM 28,80

Heribert Seul
WELTFÜHRER für Reisen mit dem Rucksack
in Vorbereitung, ca. 300 Seiten.
Weltführer-Verlag, Berlin.
ISBN 3-980 0088-0-4 DM 19,80

Anne Wodtcke
WESTAFRIKA-Reisehandbuch
1. Aufl. Herbst '88, ca. 560 Seiten,
Därr Reisebuch-VerlagsgmbH, Hohenthann.
ISBN 3-921 497-02-7 DM 36,80

Barbara Rausch
TUNESIEN
ca. 400 Seiten, zahlreiche Karten und Abb., Ende 1988.
mandala verlag, Barbara Rausch, 6330 Wetzlar ca. DM 29,80

Hans-R. Grundmann
MALLORCA
über 300 Seiten, 40 Karten, zahlreiche Zeichnungen, Tabellen und Fotos, 170 detaillierte Unterkunftsempfehlungen in 51 Ferienorten.
Verlag Dr. H.R. Grundmann, 2930 Varel 1.
ISBN 3-9800151-1-4 DM 24,80

Marita Korst, Edgar P. Hoff
ZYPERN-HANDBUCH
ca. 250 Seiten, 40 Karten und Pläne, 80 Fotos
Edgar-Hoff-Verlag, Rappweiler
ISBN 3-923 715-04-4 DM 24,80

Individuelles Reisen e.V. (Hrsg.)
REISE KNOW HOW Handbuch für Selbstreiser
320 Seiten, viele Fotos und Abbi dungen.
Individuelles Reisen e.V., Müncher
ISBN 3-925 796-00-2 DM 24,8

Sigrid & Wil Tondok
IM VW-BUS UM DIE ERDE
262 Seiten, viele Abb..
Reisebuchverlag die TONDOKs, München
ISBN 3-921 838-06-1 DM 24,8

Klaus Därr
TRANSSAHARA Afrika-Führer Band 1
320 Seiten, viele Karten und Abb
Därr Reisebuch-VerlagsgmbH, Hohenthann.
ISBN 3-921 497-01-9 DM 29,8

TCS/Klaus und Erika Därr
DURCH AFRIKA Afrika-Führer Band 2
560 Seiten, viele Karten und Plän
Därr Reisebuch-VerlagsgmbH, Hohenthann.
ISBN 3-921 497-11-6 DM 49,8

Thomas Troßmann
MOTORRADREISEN
336 Seiten, 80 Fotos, 25 Farbfoto
Därr Reisebuch-VerlagsgmbH, Hohenthann.
ISBN 3-921 497-20-5 DM 29,8

Helmut Hermann

IE WELT IM SUCHER

Handbuch für perfekte Reisefotos
286 Seiten, 50 Farb- und
70 s/w-Fotos
Reisebuchverlag H. Hermann,
Markgröningen
ISBN 3-980 0975-2-8 DM 24,80

David Werner

O ES KEINEN ARZT GIBT

328 Seiten, über 200 erläuternde Abb.
Peter-Rump-Verlag, Bielefeld.
ISBN 3-922 376-35-5 DM 26,80

A. Truelove, T. Pentes

EISEN MIT KINDERN IN NDONESIEN

ca. 224 Seiten, viele Abb. und Fotos.
Peter-Rump-Verlag, Bielefeld.
ISBN 3-922 376-95-9 DM 26,80

Christian Adler

CHTUNG TOURISTEN

ca. 120 Seiten, 50 Fotos und Abb.
Peter-Rump-Verlag, Bielefeld.
ISBN 3-922 376-32-0 DM 16,80

Karsten/Micus/Remmel

AHRRADREISEN

480 Seiten, viele Fotos, Zeichn.
Peter-Meyer Reisebuchverlag,
5429 Katzenelnbogen.
ISBN 3-922 057-51-9 DM 29,80

Max Rauner

LS GASTSCHÜLER IN IE/DEN USA

ca. 250 Seiten, zahlreiche Karten, Fotos und Illustrationen, mit Adressenanhang.
Verlag Dr. H.R. Grundmann,
2930 Varel.
ISBN 3-9800151-2-2 DM 19,80

In Vorbereitung Reise Know-How-Stadtführer

Das erste Buch dieser Sub-Reihe erscheint im Frühjahr 1989:

Die TONDOKs

AIRO, Luxor & Assuan

Frühjahr 1989
Reisebuchverlag die TONDOKs,
München
ISBN 3-921 838-08-8

Sprachbücher

Reise Know-How/Sprachbücher sind Sammelausgaben (Sampler) von mehreren „Kauderwelsch"-Sprechführern. Sie bieten demjenigen, der mehrere Sprachregionen besucht, auf einfachste Art und Weise die Möglichkeit, sich mit Einheimischen in deren Sprache zu unterhalten. Die jeweiligen Einzelbände sind in der Reihe „Kauderwelsch-Sprechführer für Globetrotter" erschienen.

Sprachbuch AFRIKA

Kauderwelsch-Sampler 1
Enthält: Arabisch, Französisch, Kisuaheli
320 S., Taschenformat
Peter-Rump-Verlag, Bielefeld.
ISBN 3-922 376-13-4 DM 24,80

Sprachbuch SÜDOST-ASIEN

Kauderwelsch-Sampler 2
Enthält: Indonesisch, Tagalog, Thai
320 S., Taschenformat.
Peter-Rump-Verlag, Bielefeld.
ISBN 3-922 376-33-9 DM 24,80

Sprachbuch LATEIN-AMERIKA

Kauderwelsch-Sampler 3
Enthält: Spanisch, Brasilianisch, Quechua-Minisprachführer
224 S., Taschenformat.
Peter-Rump-Verlag, Bielefeld.
ISBN 3-922 376-18-5 DM 24,80

Sprachbuch SKANDINAVIEN

Kauderwelsch-Sampler 4
Enthält: Schwedisch, Norwegisch, Finnisch
336 S., Taschenformat.
Peter-Rump-Verlag, Bielefeld.
ISBN 3-922 376-59-2 DM 24,80

Sprachbuch CHINA

Kauderwelsch-Sampler 5
Enthält: Hochchinesisch (Mandarin), Kantonesisch, Tibetisch
336 S., Taschenformat.
Peter-Rump-Verlag, Bielefeld.
ISBN 3-922 376-68-1 DM 24,80

Sprachbuch HIMALAYA

Kauderwelsch-Sampler 6
Enthält: Tibetisch, Nepali, Hindi
304 S., Taschenformat.
Peter-Rump-Verlag, Bielefeld.
ISBN 3-922 376-23-1 DM 24,80

Reise Story

Bringt Reise-Erlebnisse für nachdenkliche Reisegenießer. Statt trokkener Fakten persönliche Empfindungen, Reflektionen, gemachte Erfahrungen in andersartigen Kulturbereichen. Vermischt mit wichtigen Sachinformationen eine wertvolle Hilfe bei der Reiseplanung und ein Lesevergnügen für jeden Fernwehgeplagten.

Helmut Hermann

TRAUMSTRASSE PANAMERIKANA

254 Seiten, über 70 Farb- und s/w-Fotos, Karten.
Reisebuchverlag H. Hermann,
Markgröningen.
ISBN 3-980 0975-3-6 DM 24,00

Joachim Nölte

UM-WELT-REISE

242 Seiten, 16 Farb- u. s/w-Fotos, Karten.
ISBN 3-980 0975-4-4 DM 22,80

Jörg Lohmann

AMERIKA VON UNTEN

224 Seiten, über 80 Zeichnungen, Karten.
Reisebuchverlag H. Hermann,
Markgröningen
ISBN 3-980 0975-4-4 DM 22,80

REISE KNOW-HOW®

Unter dem Gütesiegel REISE KNOW-HOW erscheinen Reisebücher, Reise-Sachbücher, Reise-Stories und Sprachführer verschiedener Verlage, die der Verlegergemeinschaft „INDIVIDUELLES REISEN" e.V. angehören. Bevor ein Buch unter diesem Markenzeichen erscheinen darf, wird es von einem Expertengremium geprüft.

Verlegergemeinschaft
„INDIVIDUELLES REISEN" e.V.
Schönblick 10
8201 Hohenthann

QUITTUNG

THALIA
Buchhaus
Achternstr. 16
26122 Oldenburg
Tel.:(0441) 9560 77-7

Datum: [illegible]2001 14:47 Kasse: 911

1 Lehmann E. Amerika von 22.80 1
unten

E n d - B e t r a g DM 22.80

Gegeben BAR 23.00
RÜCKGELD [illegible]
Im Betrag von 22.80
sind 7.00% Mwst 1.49
Betrag entspricht EUR 11.66

Datum:3.5.2001 14:48 K:911 Bon#2846

Vielen Dank für Ihren Einkauf!